U0489492

米莱知识宇宙

启航吧 知识号

这就是地理

缤纷的
地理世界

米莱童书 著/绘

北京理工大学出版社
BEIJING INSTITUTE OF TECHNOLOGY PRESS

推荐序

从古至今，人们在夸奖一个人知识渊博时，总会夸他"博古通今，上知天文，下知地理"。这里所说的地理就是中国传统的地理学百科知识，包括人们所居住的大地及其所在区域的地形、地貌、气象、气候、水文、生态等自然地理，也包括社会、经济、文化、风土人情等人文地理。

地理学作为科学体系中的独立学科，经历了漫长的人类智慧积累、世界文明融合及历史演变过程。尽管地理的概念及其科学涵义随时代的变迁而与时俱进，但是地理的"地"依然是"大地"之意，是指地球、地球表面或地球表层，抑或是指一个自然或经济社会区域。地理的"理"是指事理、规律，或者是事物规律性的内在联系，或者是理解和解释事物及其发展规律的假设、学说及理论。地理学则是研究"大地之理"的学科，综合研究地球表层的各种自然和人文现象或事物及其空间分布、区域特征、时间演变、形成过程，以及各种地理要素或者地理综合体之间的相互关系、相互作用过程及其物理学、化学和生物学机理。

生命诞生于大地，人们生长于土地，民族栖息于领地。衣食住行离不开对气候与时节变化规律的探索；社会经济活动需要了解资源和环境的地理分布；国家治理需要掌握政治地理和军事地理。由此可见，无论是安居乐业的百姓，还是"读万卷书，行万里路"的学子，抑或是"融诸子百家学说、集古今中外智慧"的圣贤，甚至是"胸怀天下、文韬武略、治国安邦"的志士英豪，都需要学习先人所积累的地理知识，了解和探究滋养人类的大地的奥秘。

人生的事业追求，自我的价值实现，甚至是伟大成就的取得，往往都是起源于在少儿时期内心世界里所种下的一粒种子，或是起源于脑海中的一个梦。这可能来自一位先生的启蒙，或是来自一件事情的启发，

又或许是受到一本读物的启迪。面向少年儿童科普的初衷，就是期待在孩子们的心田里种下那粒种子，又或许是为那粒种子的生长浇一滴水，培一把土，引一缕阳光。期待《这就是地理.缤纷的地理世界（启航吧知识号）》能够点燃孩子们学习地理知识的热情，能够成为助力他们实现人生价值、成就未来事业的那一粒种子，抑或是成为那一滴水、一把土、一缕阳光。

中国科学院地理科学与资源研究所

于贵瑞

2020年9月2日（星期三），于北京

地球驾到！通通闪开！
没错，我就是大家长期居住生活的星球。
我可是个运动健将。
最擅长的运动就是转圈圈。
我可以同时做两种不同的旋转运动。自己不停地旋转——**地球自转。**
缓慢不断地绕着太阳转——**地球公转。**

不要小看这两种运动哦！
我们的家园之所以如此生机盎然，主要有赖于它们。
自转
公转
为什么我们会有白天和黑夜？
四季分明的气候是怎么来的？
圣诞节为什么在南北半球的季节不一样？
想了解这些自然规律都是怎么来的吗？
那就和我一起运动起来！
这次我还邀请了几位特殊的朋友，和我们共同开启新的旅程！

目录

缤纷的地理世界

- 地球的形状 …………………………………… 08
- 地球模型——地球仪 ………………………… 14
- 地球定位系统——经纬线 …………………… 18
- 地图三要素——图例、方向、比例尺 ……… 22
- 等高线 ………………………………………… 30
- 如何测量一座山 ……………………………… 38
- 地球自转 ……………………………………… 42
- 地球公转 ……………………………………… 56
- 你好，世界 …………………………………… 66
- 我们的故乡亚洲 ……………………………… 72
- 气候宜人的欧洲 ……………………………… 76
- 美丽的非洲大草原 …………………………… 80
- 凝聚在一起的北美洲 ………………………… 84
- 热情洋溢的南美洲 …………………………… 88

地广人稀的大洋洲	90
冰雪皑皑的南极洲	96
这就是二十四节气	100
中国到底有多大	106
6500万年前开始的大巨变	110
冷暖空气有多强	114
"白山黑水"的故乡——东北平原	116
条条大道通这里——华北平原	120
江南水乡——长江中下游平原	124
茶香四溢——东南丘陵	128
"火焰山"的传说——塔里木盆地	130
风吹过来的高原——黄土高原	132
奇峰秀景——云贵高原	134
雪山上的明珠——青藏高原	136

地球的形状

哈喽，我是圆规！

肯定有朋友会问，你不是绘图工具吗，跟地理家族有什么关系？

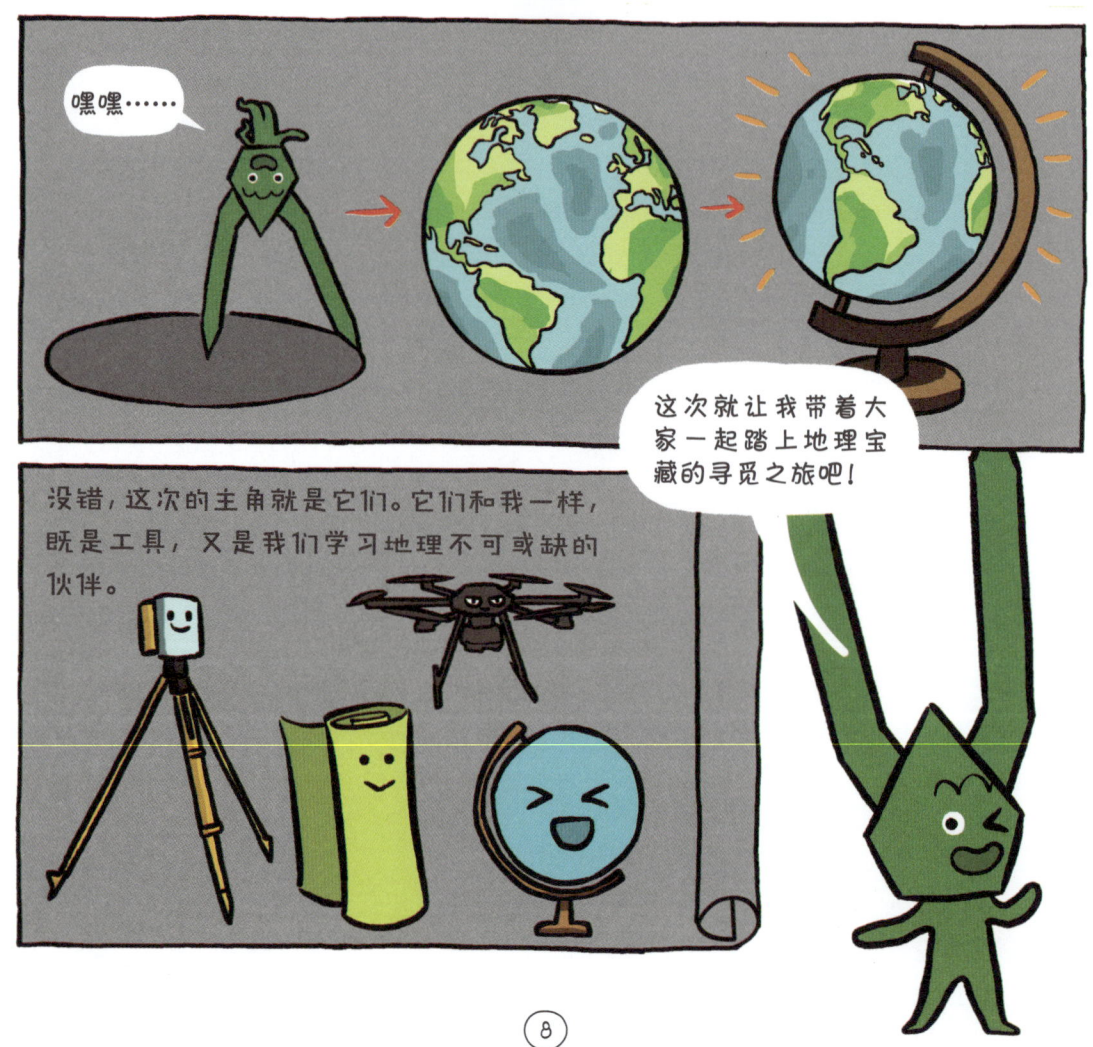

嘿嘿……

这次就让我带着大家一起踏上地理宝藏的寻觅之旅吧！

没错，这次的主角就是它们。它们和我一样，既是工具，又是我们学习地理不可或缺的伙伴。

| 地图 MAP

这就是传说中的天坛吗?

据说这里是明清两代皇帝每年祭天和祈祷五谷丰登的地方。

古时候的人崇拜天地,有祭拜"天地之神"的习俗。

祈年殿

在古代有"天圆地方"之说。为了把天地的形象在现实中表现出来,就把天坛的整体布局做成了上圆下方的样子。

那地球到底是什么形状的呢?

真的像古人说的那样,天空是圆的,而大地是方的吗?

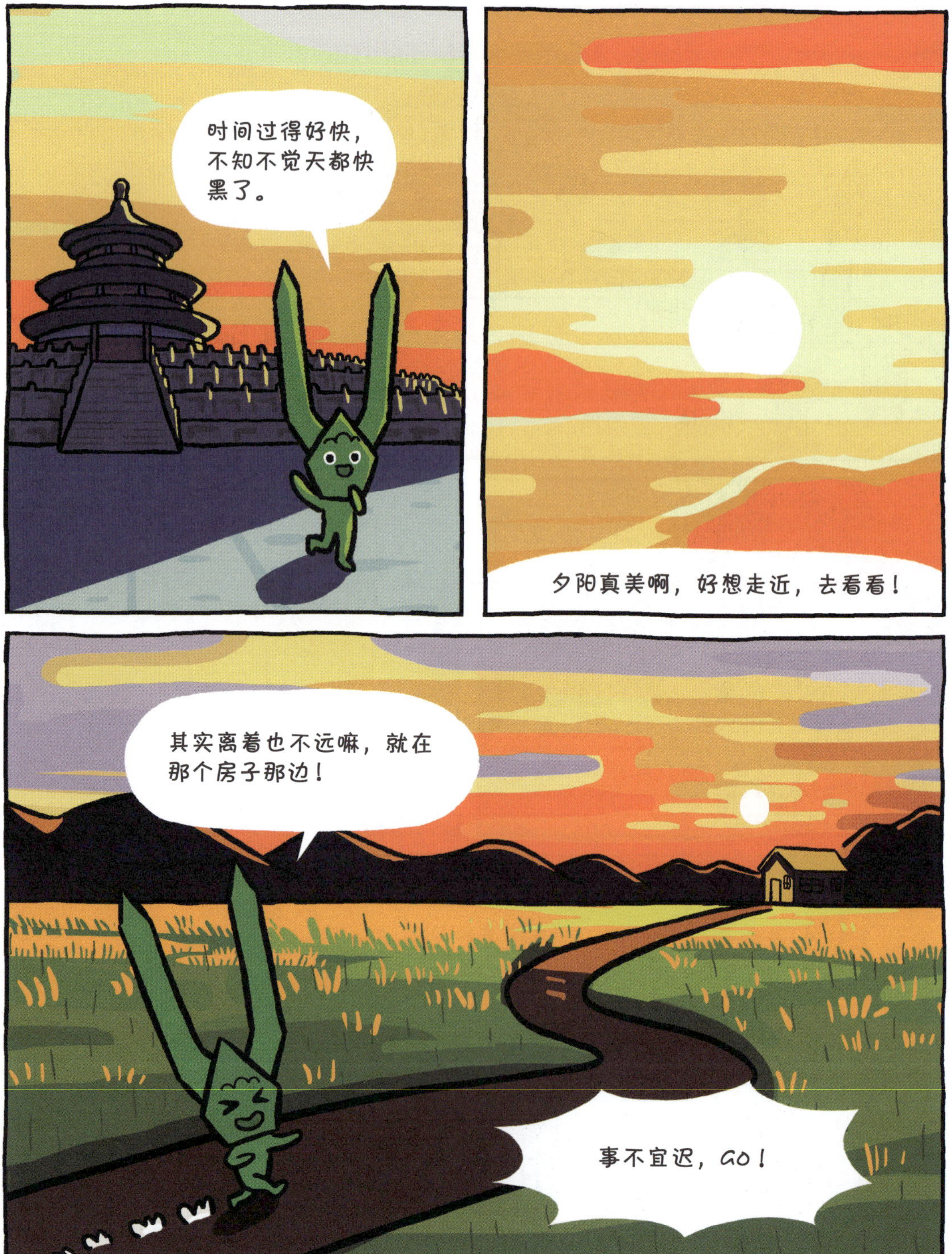
时间过得好快，不知不觉天都快黑了。
夕阳真美啊，好想走近，去看看！
其实离着也不远嘛，就在那个房子那边！
事不宜迟，GO！

为什么夕阳还在远方？
你再怎么跑也追不到夕阳的！
为什么啊？
地球
太阳
你忘了吗，我只是宇宙中的一颗行星，太阳离我可是有大约1.496亿千米。
而且你这样一直跑，没准哪天就跑回原点了。
沿着同一方向一直跑，就会回到原点……
那不就是说地球是圆的吗？

早在700多年前，就已经有人提出这个疑问，并且为了证明"地球是圆的"，开启了环球航行的计划。这个人就是葡萄牙人裹哲伦。

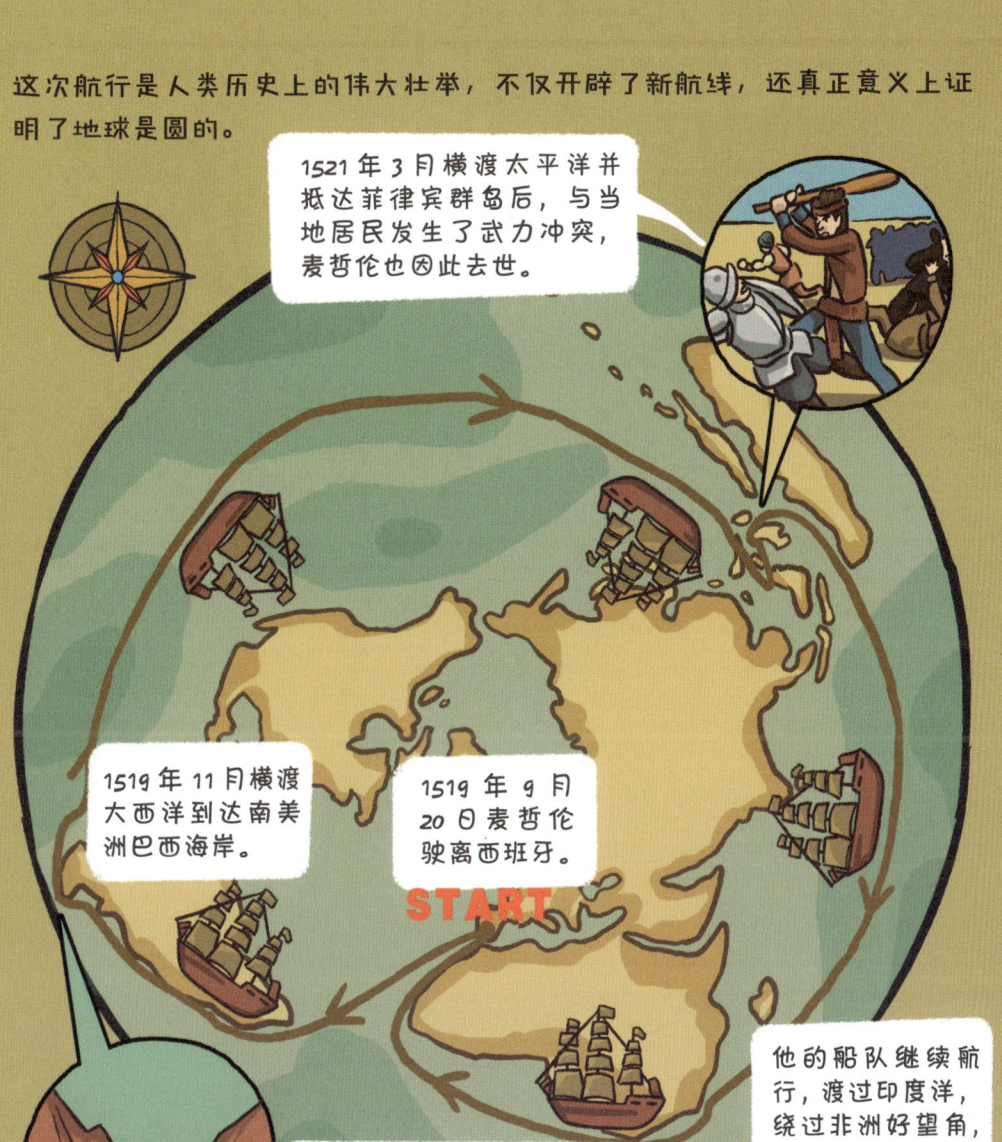

这次航行是人类历史上的伟大壮举，不仅开辟了新航线，还真正意义上证明了地球是圆的。

1521年3月横渡太平洋并抵达菲律宾群岛后，与当地居民发生了武力冲突，麦哲伦也因此去世。

1519年11月横渡大西洋到达南美洲巴西海岸。

1519年9月20日麦哲伦驶离西班牙。

START

1520年11月才终于找到一条可以通往太平洋的海峡，也就是后世俗称的"麦哲伦海峡"。

他的船队继续航行，渡过印度洋，绕过非洲好望角，最终在1522年9月回到西班牙。

麦哲伦航线图

地球模型——地球仪

世界那么大，我想去看看！

可并不是所有人都能有麦哲伦那样的勇气亲自去走一圈。

如果你实在想足不出户就能了解地球，就用我来看世界吧！

谁在说话？

就是我！

为了便于认识地球，人们仿造地球的形状，按照一定的比例缩小，制作了地球的模型——**地球仪**。

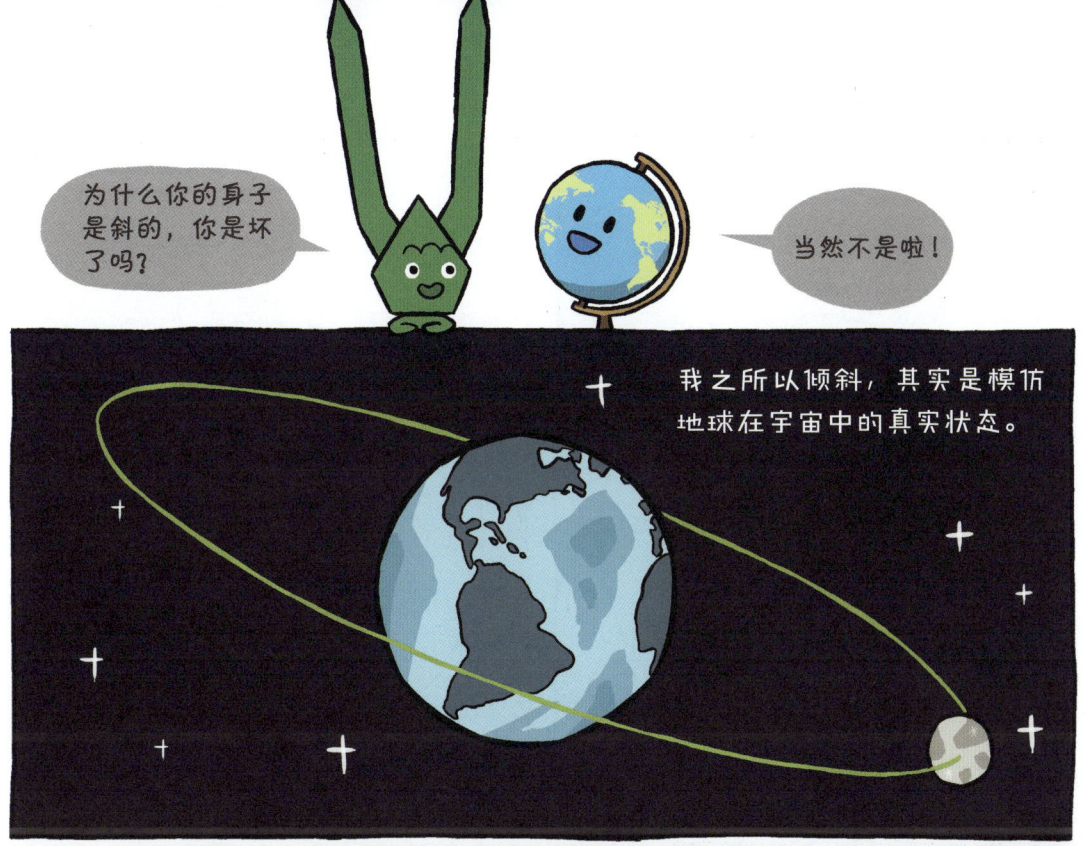

为什么你的身子是斜的,你是坏了吗?

当然不是啦!

我之所以倾斜,其实是模仿地球在宇宙中的真实状态。

在浩瀚缥缈的宇宙之中,地球无时无刻不在自转。

24小时

哇!

快看,我也很会"自转"!

我们都知道地球只是宇宙中的一颗行星，如果从北极星的方向看地球，那我们会先看到这里，它被认为是地球的最北端。

北极

如果我们把地球倒过来，这里有块大陆。

南极洲
南极

地球仪最重要的特点就是，它可以把地球上我们肉眼看不到的东西，在自己的身上一一展示出来。

有一条"金腰带"，虽然我们肉眼看不到，但它将地球一分为二。

北半球

赤道

南半球

赤道到北极点的部分为北半球，到南极点的部分为南半球。

还有更多地球上的国家及其国境线也都能在地球仪上清晰看到。

地球定位系统——经纬线

大家都去过电影院吧?

如果把它变成圆形,会是什么样呢?

变 变 变

变形后的电影院是不是很像一个地球仪，横排是纬线，竖列为经线。

坐在这里有种"一览众山小"的感觉。

90°N

60°N

30°N

0°

30°S

60°S

90°S

40°W   20°W   0°   20°E   40°E

哈，我的座位正好是**赤道**和**本初子午线**的交汇点哦。

我所在的这一竖列是20°W，将地球分为东西两个半球。

（本初子午线）

我这里就是最南端的南极点了。

经线和纬线最重要的作用就是用来定位。

我的座位是4排3列。

XX电影院
副券
19:30
一号厅
4排3列
票　价：23.00元
服务费：3.00元
售票时间：10:30

实际定位也是这个原理，找到相应的经线和纬线，两线相交的那点就是我们要找的地方。

大家通常在电影院里是不是先找自己是哪一排？

然后再找到对应那一列，相交那点就是我们的座位。

注 E代表东经 N代表北纬

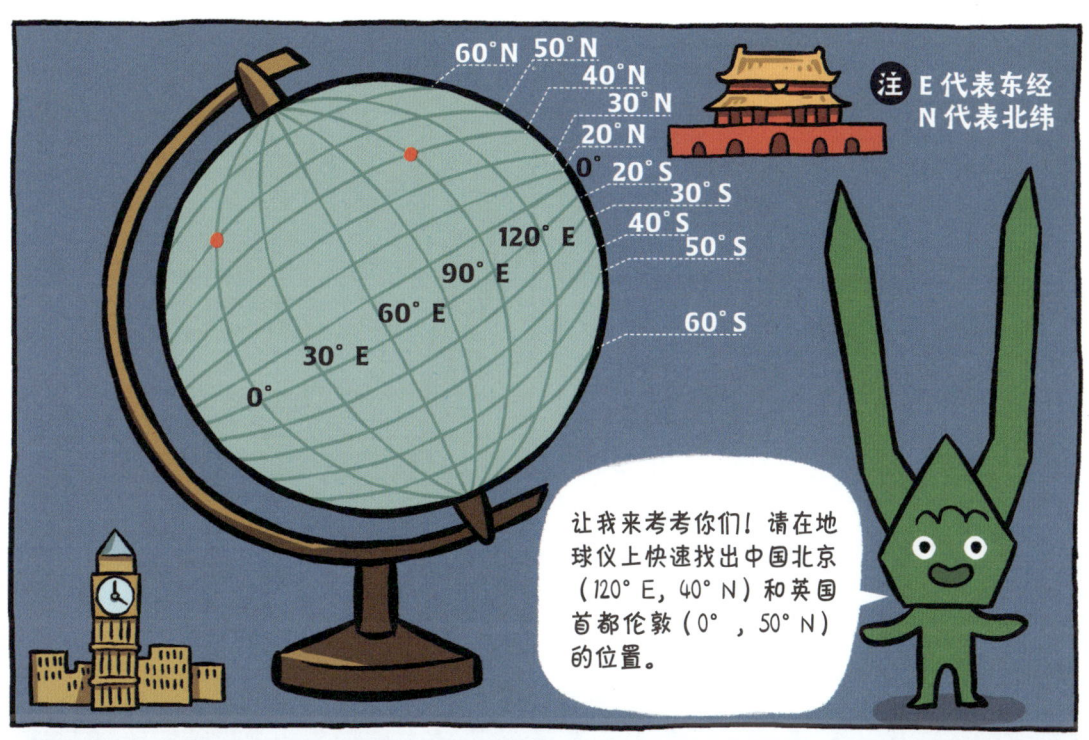

让我来考考你们！请在地球仪上快速找出中国北京（120°E，40°N）和英国首都伦敦（0°，50°N）的位置。

当然，经纬度不只是为我们生活服务，甚至国际救援、地质考察等也都是要靠经纬度坐标来定位。

地图三要素——图例、方向、比例尺

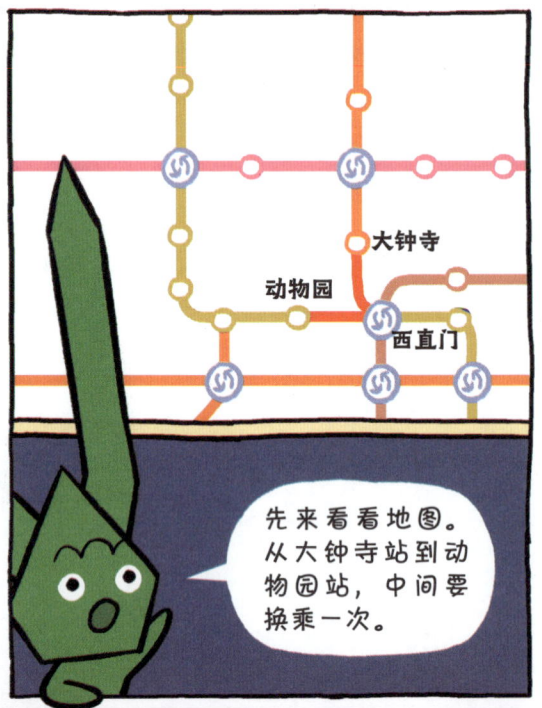

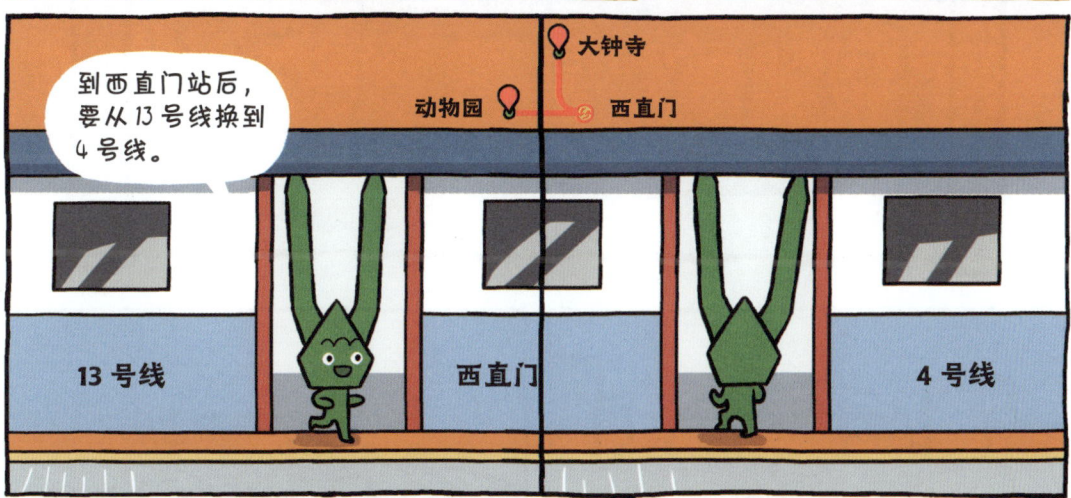

下一站是西直门站，西直门站是换乘车站，换乘地铁4号线的乘客请在西直门站下车。

大钟寺
动物园　西直门

到西直门站后，要从13号线换到4号线。

13号线　　西直门　　4号线

从4号线动物园站一出来就到动物园了。学会看地铁线路图，以后可以天天坐地铁啦！

动物园那么大，从哪儿开始逛呢？干脆按照地图来走吧。

可是如何来使用地图呢？

地图有三要素——方向、图例和比例尺，是学习认识地图的基础。

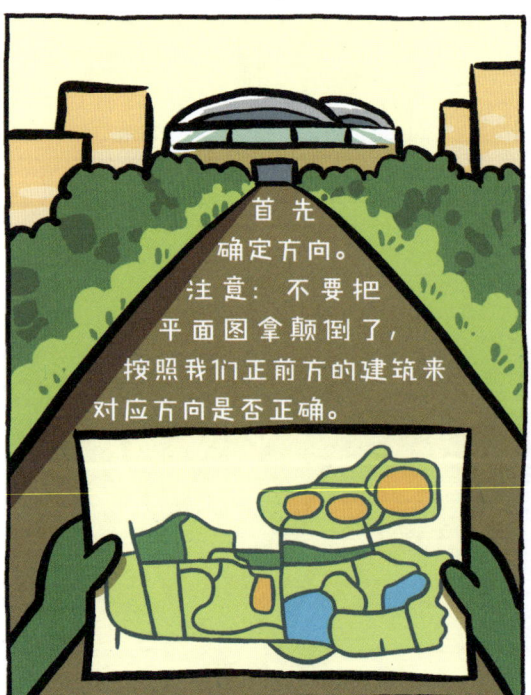

图例：
- 水面
- 运动场
- 绿地
- 兽舍
- 非游览区
- 售票处
- 公共厕所
- 快餐
- 公用电话
- 派出所

比例尺：1:30000
1厘米

首先确定方向。
注意：不要把平面图拿颠倒了，按照我们正前方的建筑来对应方向是否正确。

熊猫馆

确定好方向，我们就可以按照地图出发了，第一站熊猫馆！

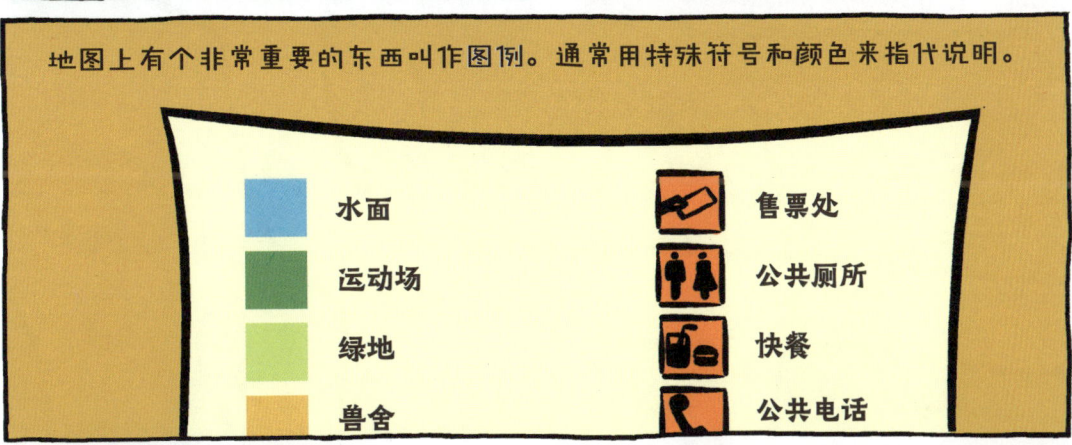

熊猫宝宝好可爱！

吃竹子吃得好香啊！

好饿啊！哪里有快餐厅呢？

让我在地图上找找。

地图上有个非常重要的东西叫作图例。通常用特殊符号和颜色来指代说明。

- 水面
- 运动场
- 绿地
- 兽舍
- 售票处
- 公共厕所
- 快餐
- 公共电话

熊猫馆

原来在熊猫馆附近就有一家快餐店，先去饱餐一顿！

古生物知识讲座
科普馆下午3:00
下午三点在科普馆，有一场古生物知识讲座。
让我们先来找一下科普馆的位置。
海洋馆
犀牛河马馆
象房
从这里到科普馆大概有多远呢？这就需要比例尺来帮帮忙啦！
澳洲动物展区
科普馆

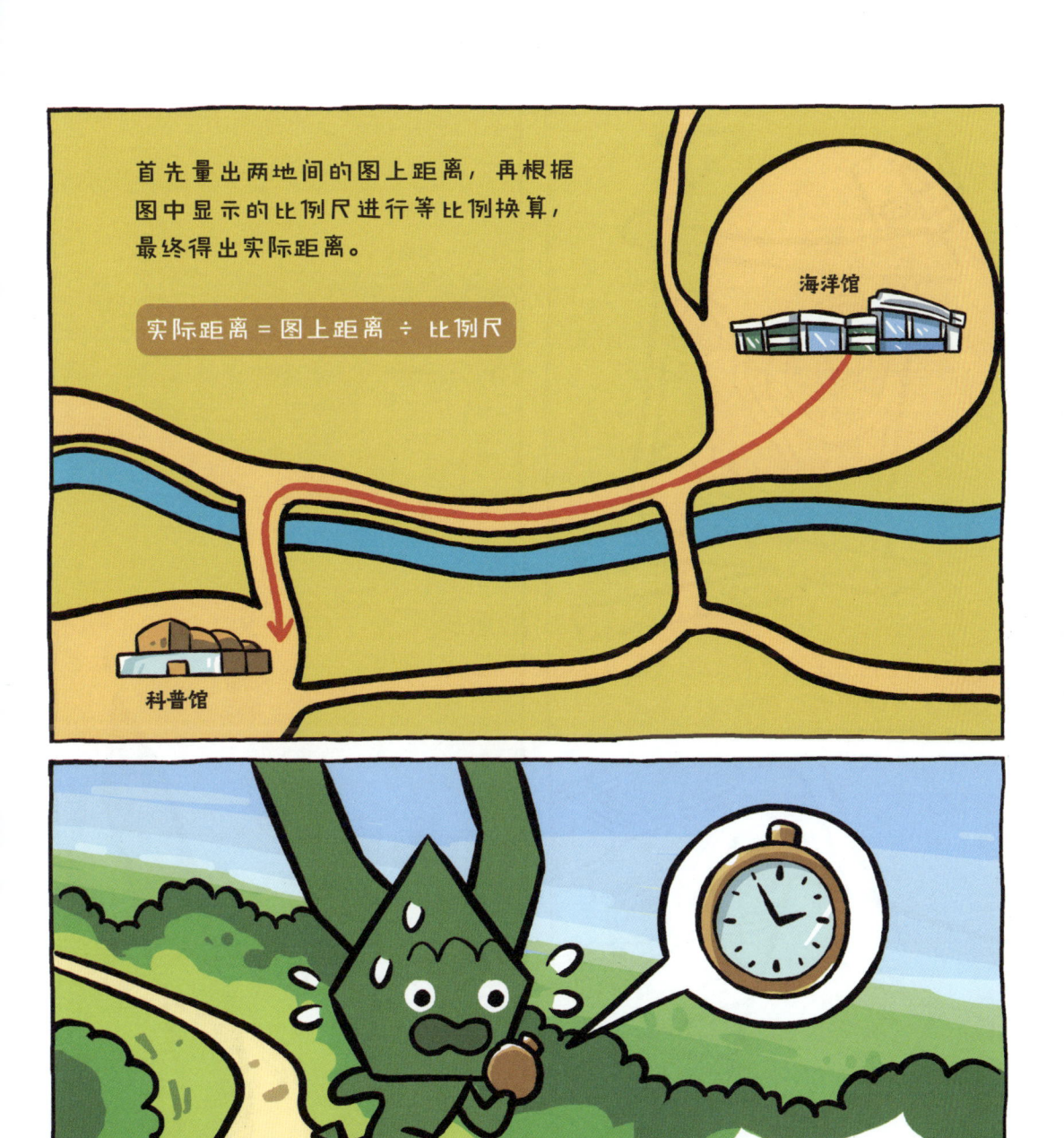

首先量出两地间的图上距离，再根据图中显示的比例尺进行等比例换算，最终得出实际距离。

实际距离 = 图上距离 ÷ 比例尺

海洋馆

科普馆

还有五分钟！

方向、图例、比例尺，三要素在我们未来学习地图的过程中缺一不可。

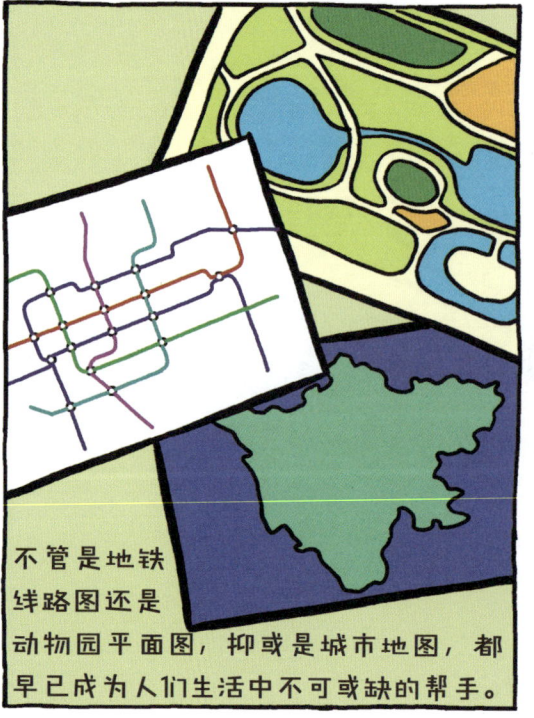

不管是地铁线路图还是动物园平面图，抑或是城市地图，都早已成为人们生活中不可或缺的帮手。

不过随着科学的日新月异，地图早已不只是我们手里的那张纸。

- 动物园
- 幸福小区

打车　驾车　公交　步行　骑行　火车　飞机

终　幸福小区

起　动物园

39分钟　2700米

雷达　实景导航　台导航

今天时间还早，只有两站地，不如走回去吧。

步行导航开始，向右
500米至XX路。
回家喽！
到家了！今天真充实，既看了动物，又GET了新知识——学会看地图，这真的是一项很棒的技能！

等高线

听说现在有一种运动在年轻人中很盛行，好像叫作**定向越野**。

这次特意找来了两个朋友和我一起参加。

定向越野

小贴士：由于定向越野多在地形复杂的户外，为保证安全，尽量不要一个人参加，小朋友要由家长陪伴参加。

时间：XXXX 年 XX 月 XX 日

地点：地图公园

天气：晴 微风 室外温度 11~18 摄氏度

人物：

任务：以大红球广场为起点，按地图线路最终到达小田野植物园

工具：

31

明白了明白了，赶快开始吧！
就你性急！还记得我们在拿到地图时先要干什么吗？
先要确定方向。
没错，我们要先看好地图上标明的位置方向和我们实际所面对的方向是否一致。
完全一致！我们向着①号地出发！

到①号地了，打下卡。再接再厉，向着②号地出发！
稍等一下，我建议咱们绕到山的东面走。
北
正确线路
错误线路
③
②
①
NEW
你们看这里的等高线图，①②号地之间的等高线非常密集。
明明两点之间直线最短，我们为什么要绕道？
等高线越密，说明山势越险峻，而东面等高线稀疏，那么这里相对平缓，走起来更安全一些。

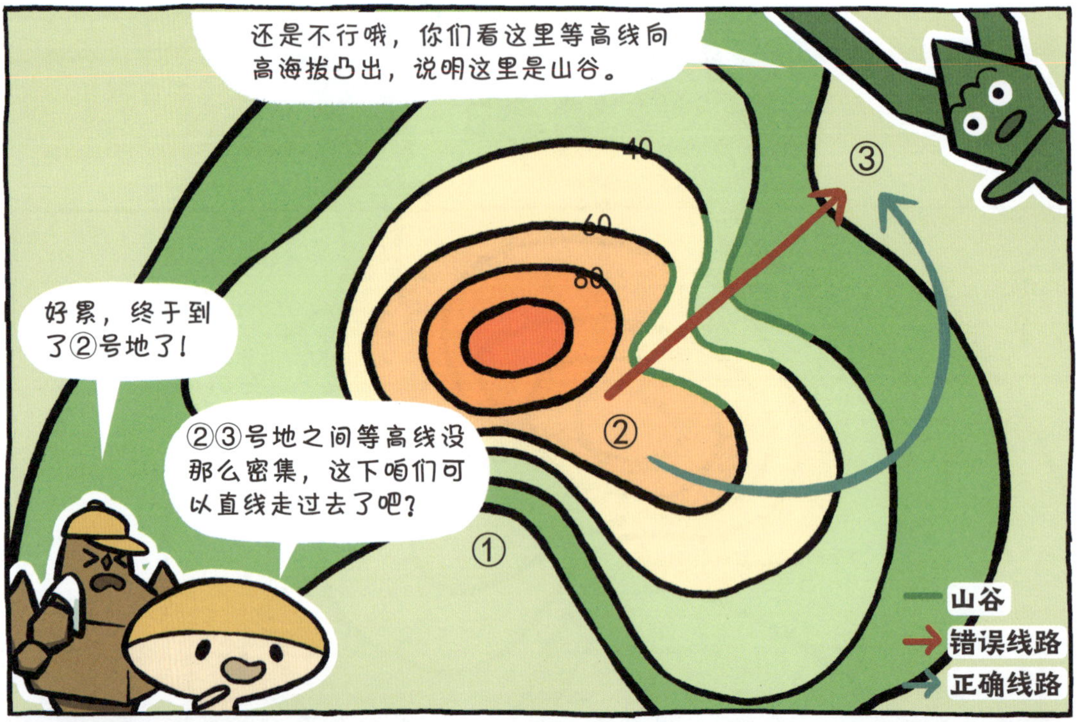
还是不行哦，你们看这里等高线向高海拔凸出，说明这里是山谷。
40
60
80
③
②
①
好累，终于到了②号地了！
②③号地之间等高线没那么密集，这下咱们可以直线走过去了吧？
山谷
错误线路
正确线路

山谷容易积水成河，还可能会水流湍急，安全起见，我建议咱们避开山谷处。
那好吧，就听你的。

图例
-80-等高线及高程（米）
道路
水域
桥
错误线路
正确线路
40
80
①
②
③
④
哇，我们已经走了一多半了，胜利在向我们招手呢。
你们看③号地离④号地很近呢，过了这条河就到了。
但是图例显示，过河的桥只有一座，它在这里。
我们还要绕那么远的路才能过河啊。
别泄气，最后一道关卡了，加油！
哈哈，这次既学会了很多地理知识，又拿了冠军，简直太开心了！
1
2
3

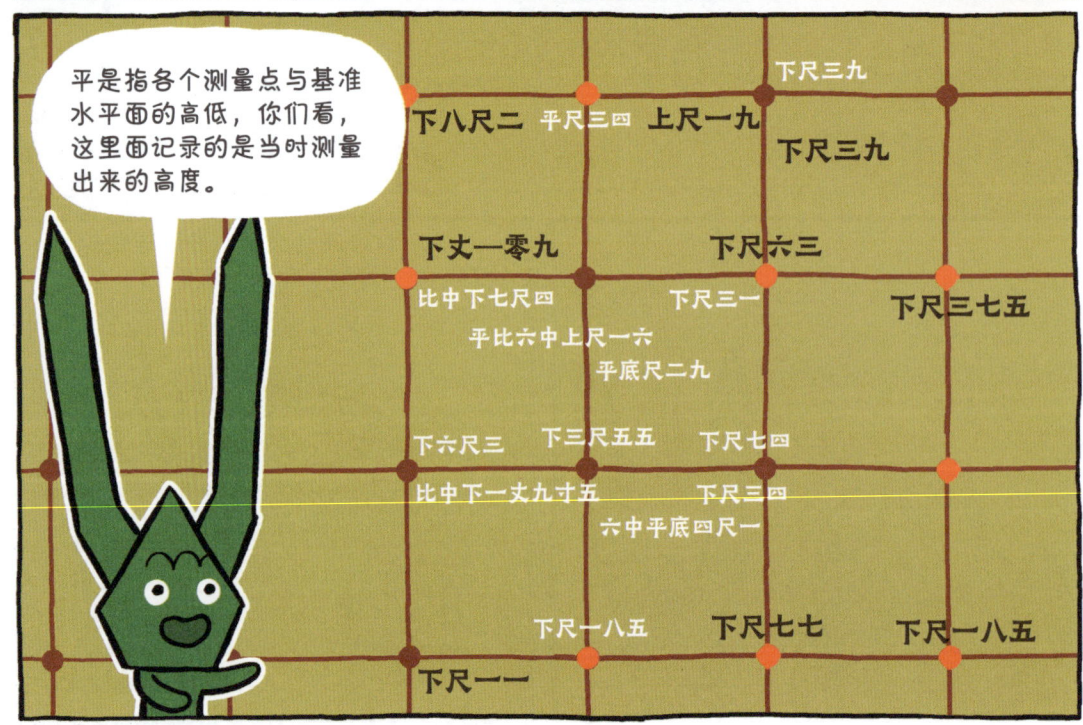

等高线图还会用于建筑行业，根据它来判断地貌，继而画出准确的测绘地形图。

实际上很多人不知道，早在两千多年前，中国人就率先发明了具有中国特色的等高线图——平格法。

平是指各个测量点与基准水平面的高低，你们看，这里面记录的是当时测量出来的高度。

下尺三九
下八尺二　平尺三四　上尺一九
下尺三九

下丈一零九　　　　下尺六三

比中下七尺四　　下尺三一　　　下尺三七五
平比六中上尺一六
平底尺二九

下六尺三　下三尺五五　下尺七四
比中下一丈九寸五　　下尺三四
六中平底四尺一

下尺一八五　下尺七七　下尺一八五
下尺一一

上尺一九
下八尺二
下尺三九
下尺六三
下尺三七五
下尺七七

我们试着把这个二维图变成三维。

然后根据这个图进行精细化设计，最后制作成烫样（即建筑模型）。

直到工程竣工

哇啊，感觉像穿越了一样，平格法代表了中国人民千百年来的智慧结晶。

如何测量一座山

上次玩定向越野，发现了自己的运动天赋，今天又有新的挑战，即翻过这座山！

你们是摄影师吗，在给这座山拍照？

不是，我们是测绘师，这也不是照相机，这个叫作水准仪。

前视尺　水准仪　后视尺

水准仪是用来测量两点间的高度差的一种仪器，如果是测量 A 点到 B 点高度差，只要把这个水准仪放在两点之间，就可以测算出这两个地方分别的高度和它们之间的高度差。

那个是传说中的无人机吗？难道是来拍我的？
那个可不是来拍你的，它跟水准仪一样，都是测绘工具的一种，在高空对地形或地貌进行全方位、多角度的摄影。

既然都不是来拍我的，你们为什么选择跟我来同一个地点？
当然是为了它咯！

海拔 / 米
雪被
5000
3000
2000
1000
500
200
0
70 米
35 米
35 米
水平视线
水准仪
标杆
用水准仪测出相应的海拔高度，再根据等高线原理，不同高度用不同颜色代表。
今天我们要测量这座山的数据，用来制作地图。
再用摄影测量仪拍出实际的地形地貌，
等比例缩小。
我们管这种按颜色来划分地形高度的地图叫作分层设色地形图。
山地
果然一目了然，原来地图就是这么制作出来的啊！

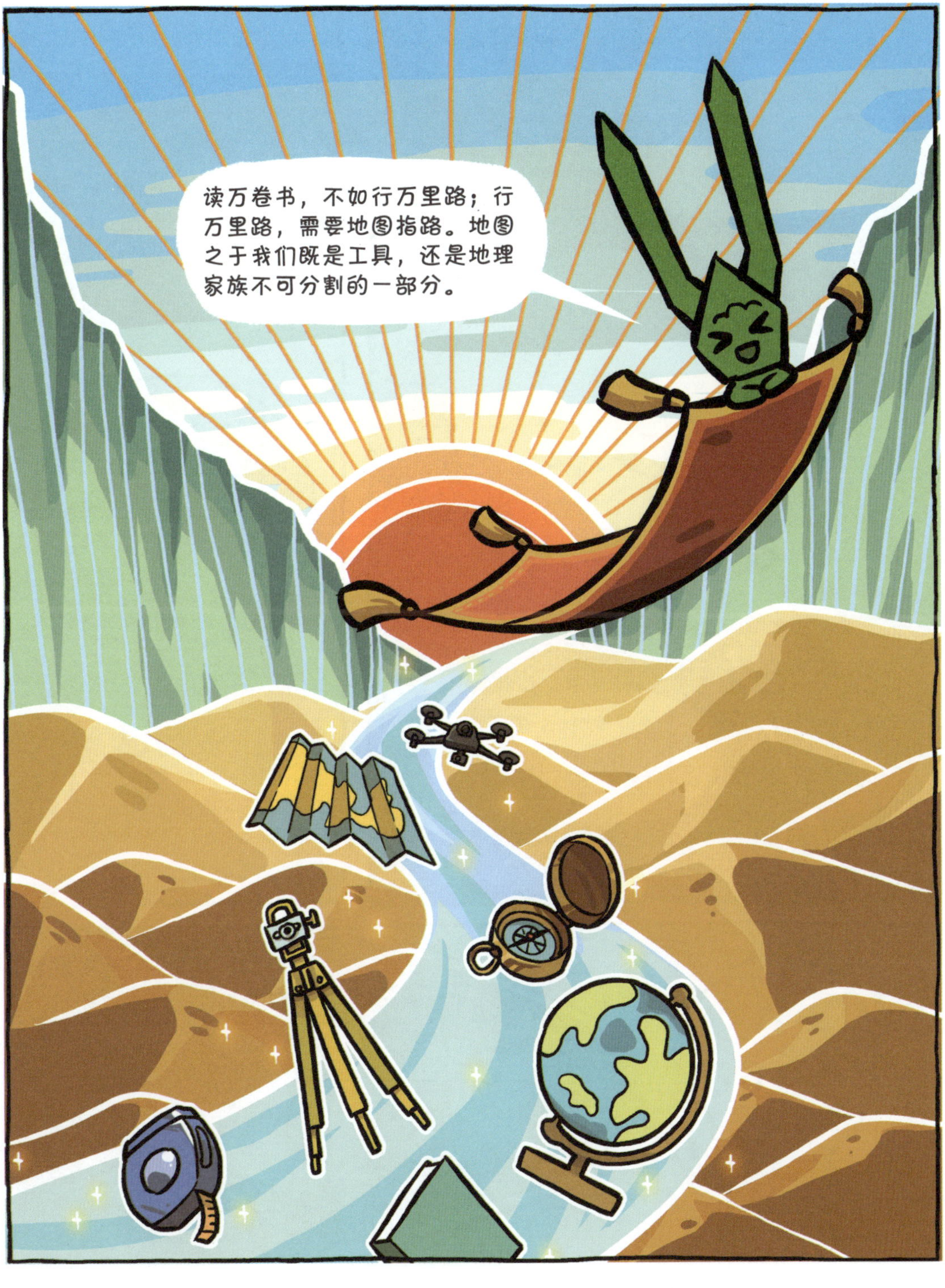
读万卷书，不如行万里路；行万里路，需要地图指路。地图之于我们既是工具，还是地理家族不可分割的一部分。

地球自转

现在该我来"行万里路"了！不过，我的运动轨迹比较特别。快看我头顶！这是地轴……

当然，地轴是个假想轴，并不真实存在于地球上。

地轴最北端与我的交点就是北极，最南端的交点是南极。

北极星
北极
地轴
赤道平面
南极

为了让你们更了解我，

地球仪

地球 EARTH

北极

赤道

地球自转方向

南极

你们看，我始终保持着自西向东的自转方向。

北极
北极圈
北回归线

南极
南极圈
南回归线

从北极上空看自转方向是逆时针。

从南极上空看自转方向是顺时针。

我们都知道1天有24个小时。

是指我相对于太阳自转一圈的时间，但这并不是我真正的自转周期。

这才是我真正的自转周期。

23小时56分4秒

参照物不同，自转周期会有所差别。

太阳系以外的遥远恒星

太阳

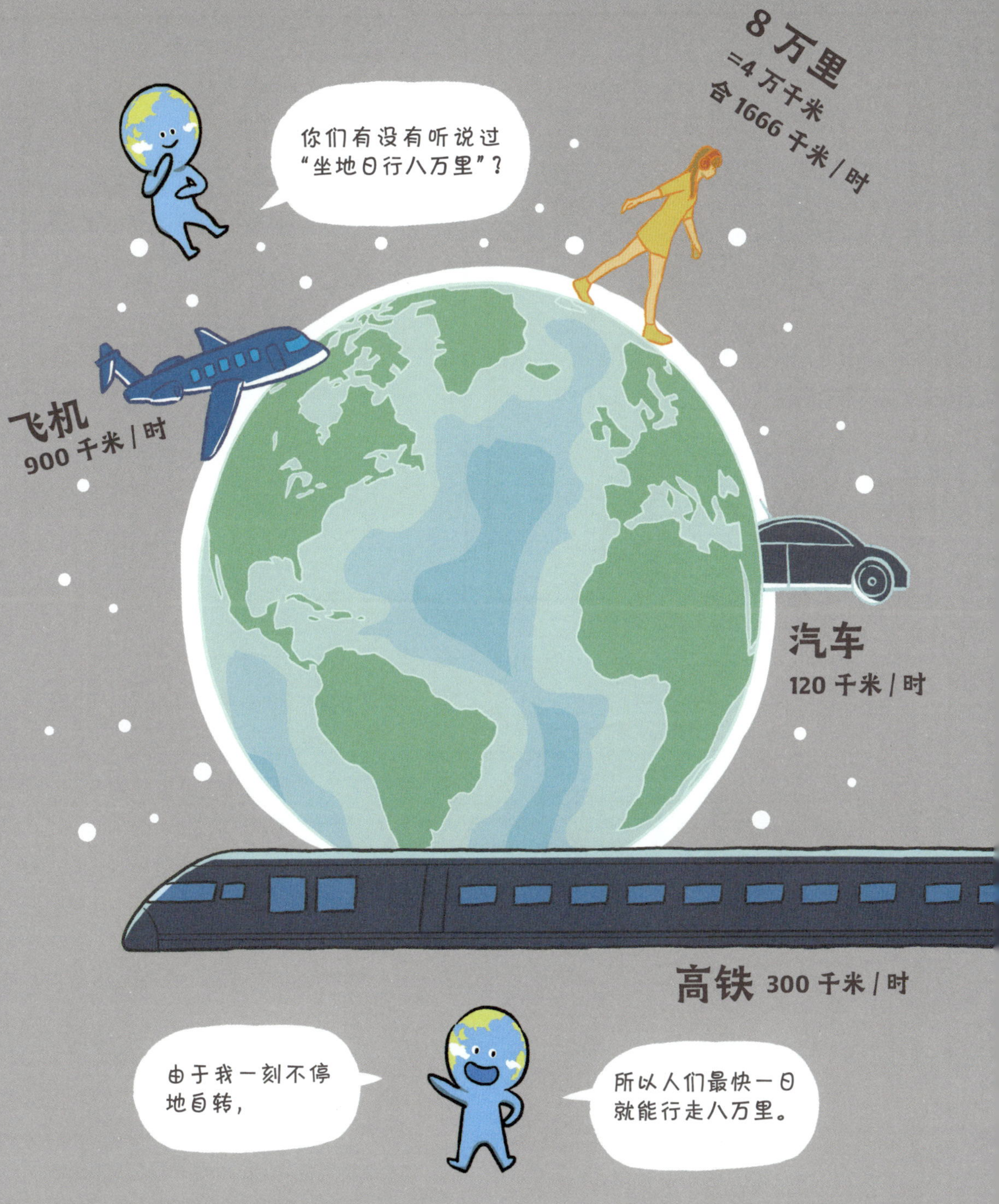
你们有没有听说过“坐地日行八万里”？
8 万里
=4 万千米
合 1666 千米/时
飞机
900 千米/时
汽车
120 千米/时
高铁 300 千米/时
由于我一刻不停地自转，
所以人们最快一日就能行走八万里。

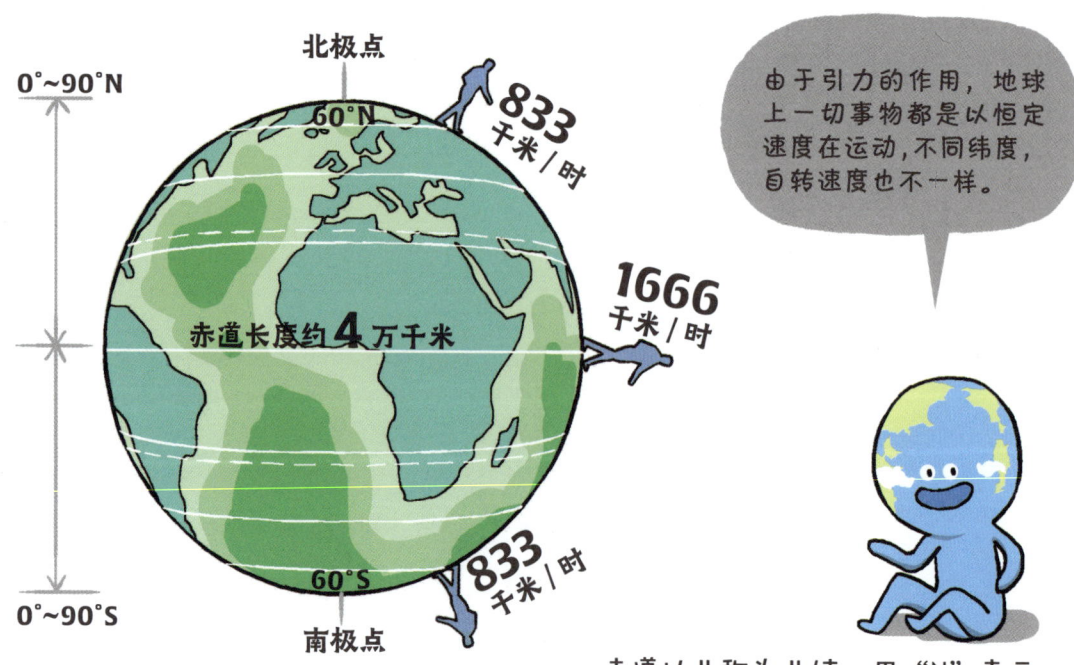

既然都"日行八万里"了，为什么我们完全感受不到这么快速的转动？

恒定

因为，我是以恒定的速度在自转。

由于引力的作用，地球上一切事物都是以恒定速度在运动，不同纬度，自转速度也不一样。

北极点
60°N
833 千米/时
赤道长度约 **4** 万千米
1666 千米/时
60°S
833 千米/时
南极点

0°~90°N
0°~90°S

赤道以北称为北纬，用"N"表示，赤道以南称为南纬，用"S"表示。

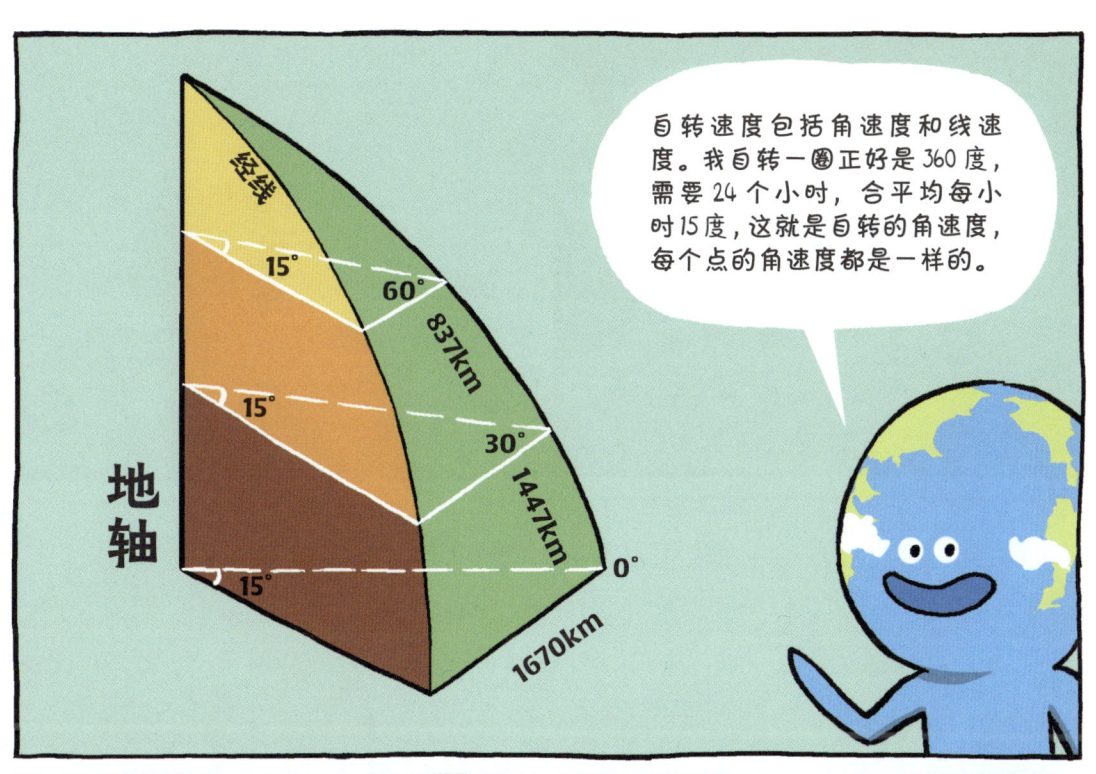

自转速度包括角速度和线速度。我自转一圈正好是360度，需要24个小时，合平均每小时15度，这就是自转的角速度，每个点的角速度都是一样的。

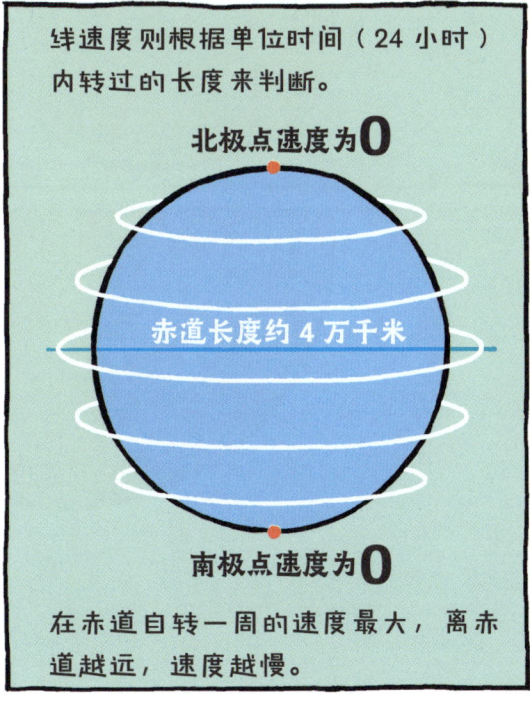

线速度则根据单位时间（24小时）内转过的长度来判断。

北极点速度为 0

赤道长度约 4 万千米

南极点速度为 0

在赤道自转一周的速度最大，离赤道越远，速度越慢。

卫星发射基地建在靠近赤道的地方最节省能源。

你们知道昼夜是
怎么出现的吗？
我本身不会发光，你
们看到的光亮，其实
是太阳照射过来的。
面向太阳的
一面是白天。
背向太阳的
一面是夜晚。

太阳一到夜晚就会消失？

其实太阳并没有消失，只是因为地球不停地自转。

当地球的某一面背对太阳时，那里也就看不到太阳了，而那时就变成了黑夜。

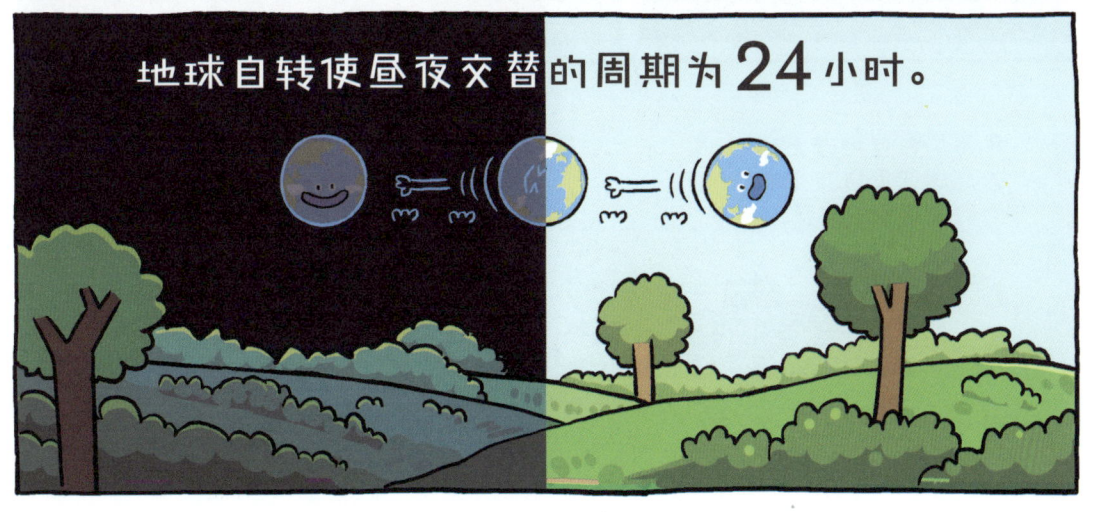

地球自转使昼夜交替的周期为 **24** 小时。

在我身上有一条黑夜和白天的分界线，这条线叫作**晨昏线**。

昼半球　　　夜半球

晨线　昏线

地球自西向东转，经过晨线进入白天，经过昏线进入夜晚。

西　东

同一纬度总是东边先看到日出。

西边后看到。

作为居住在地球上的人，站在晨昏线上看到的是这样的美景。

北极

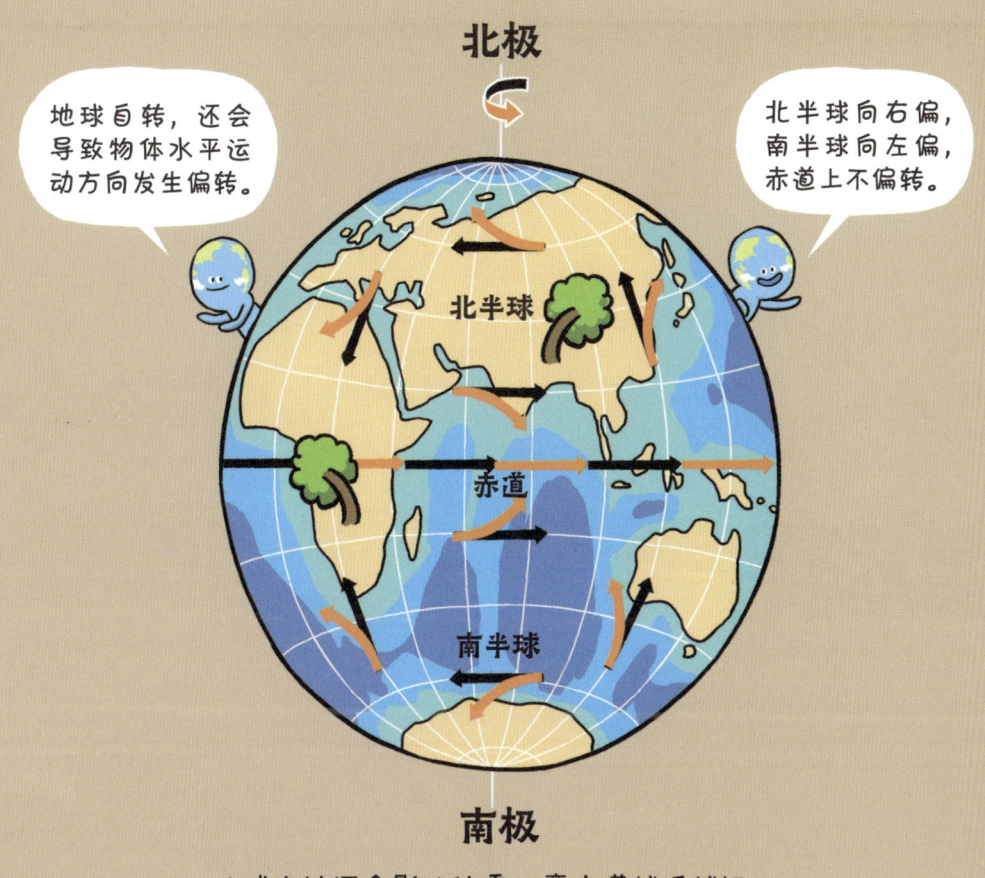

地球自转，还会导致物体水平运动方向发生偏转。

北半球向右偏，南半球向左偏，赤道上不偏转。

北半球

赤道

南半球

南极

地球自转还会影响体重，离赤道越近越轻。

秤不准啊！

74.00kg

我变瘦了！

73.00kg

南极　　　　　　　　　　　　赤道

我有一个好朋友。它有时很长，有时很短，
一会儿跑到我前面，一会儿又躲到我身后。
哈哈，相信大家已经猜出来，它就是我们自己的影子。
它是由于光照射到我们身上，受到了阻碍，然后将遮挡它的那部分投射到了地上。

大家有没有注意过，你的影子在一天之中都有什么变化？
晴朗的早晨，太阳从东方升起，影子朝西，拉得最长。
到了中午，太阳在头顶正上方。
这个时间影子最短。
傍晚时分，太阳从西边落下，这时影子朝东，并且再次拉长。

中国北京

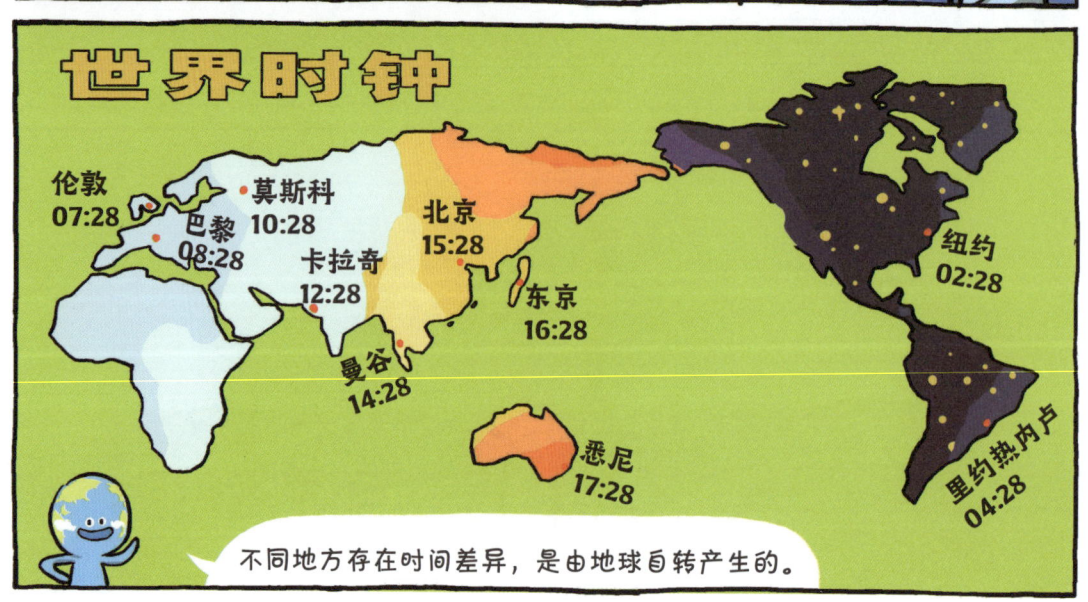

露西，晚上好！

美国纽约

妙琪，早上好！

理解了昼夜交替，你就能在同一时刻看到地球上不同地区的时间差异，我们管这个叫时差。

世界时钟

伦敦 07:28
巴黎 08:28
莫斯科 10:28
卡拉奇 12:28
北京 15:28
东京 16:28
曼谷 14:28
悉尼 17:28
纽约 02:28
里约热内卢 04:28

不同地方存在时间差异，是由地球自转产生的。

人们把地球划分为24个时区，每经度15°划分为一个时区。相邻两个时区的时间相差一小时。

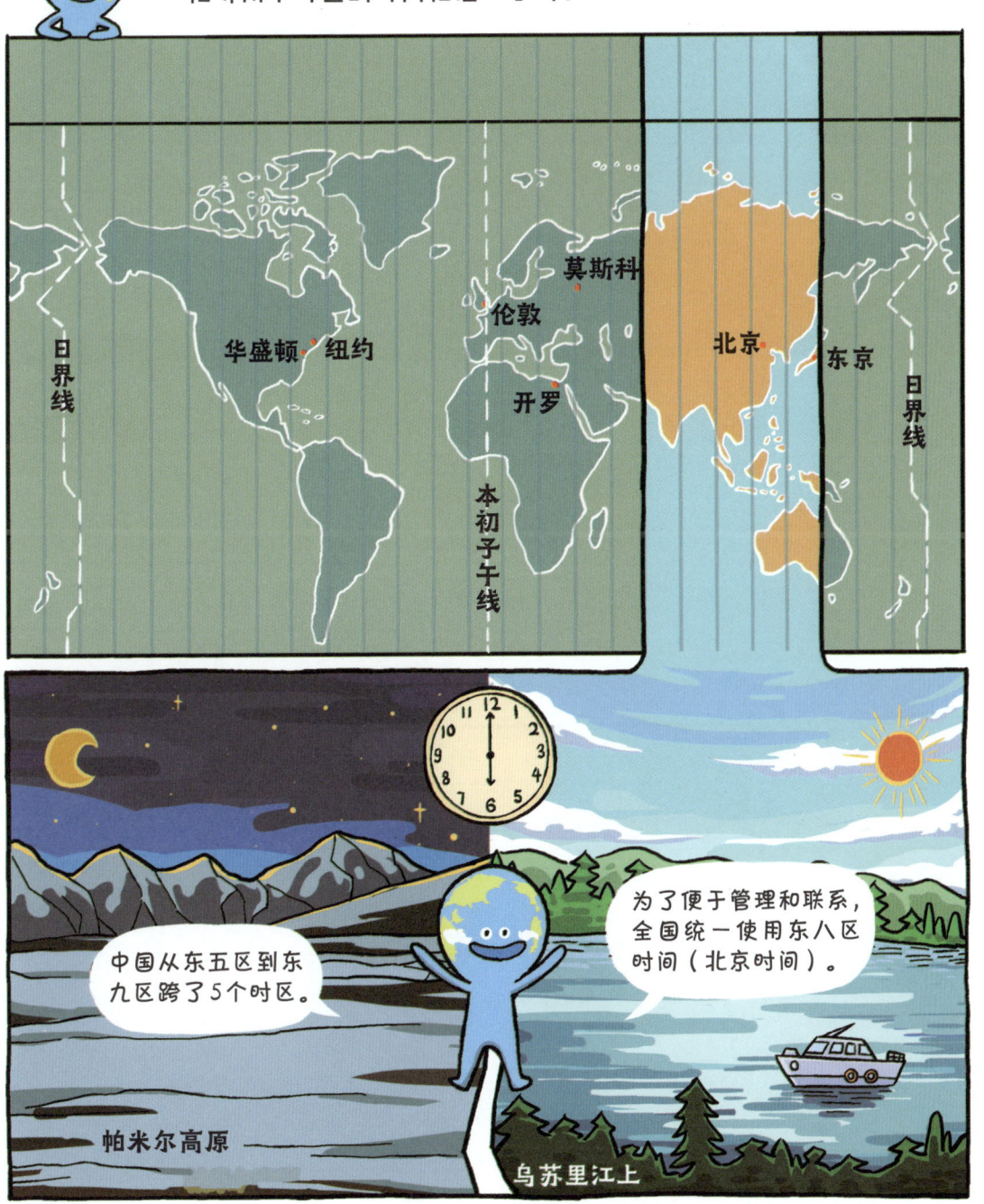

莫斯科
伦敦
华盛顿　纽约
开罗
北京
东京
日界线
本初子午线
日界线

中国从东五区到东九区跨了5个时区。

为了便于管理和联系，全国统一使用东八区时间（北京时间）。

帕米尔高原

乌苏里江上

地球公转

我绕地轴自转的同时，

也在不停地自西向东绕着太阳公转。

终点

我公转一圈约 **9.4** 亿千米，若以每秒 **30** 千米的高速计算，要跑上一年。

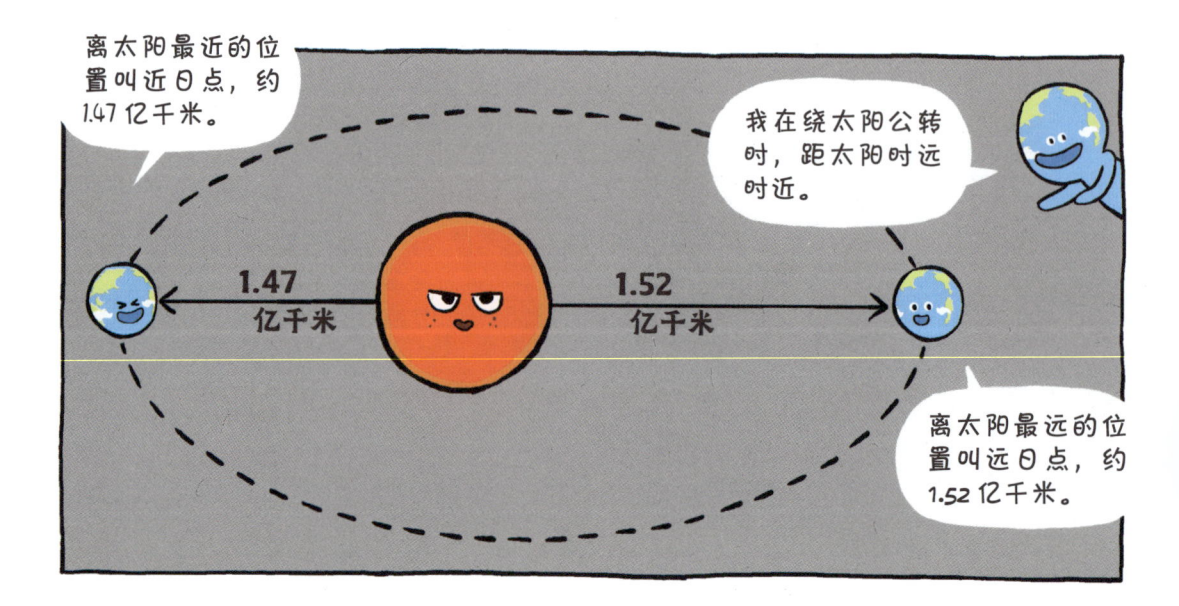

离太阳最近的位置叫近日点，约 1.47 亿千米。

我在绕太阳公转时，距太阳时远时近。

1.47 亿千米 ← → 1.52 亿千米

离太阳最远的位置叫远日点，约 1.52 亿千米。

1月初我到达近日点。
7月初我到达远日点。
1—7月，我逐渐远离太阳，公转速度变慢。
远日点（7月初）
近日点（1月初）
7月至来年1月初，离太阳越来越近，公转速度逐渐变快。

你知道为什么地球仪一直是歪着的吗？

这是因为相对于我的公转轨道平面，自转平面是倾斜的。

公转过程中，地轴始终指向北极星，居住在北半球的人们，晚上就能靠它来识别方向。
北极星
北极
地轴
赤道平面
南极

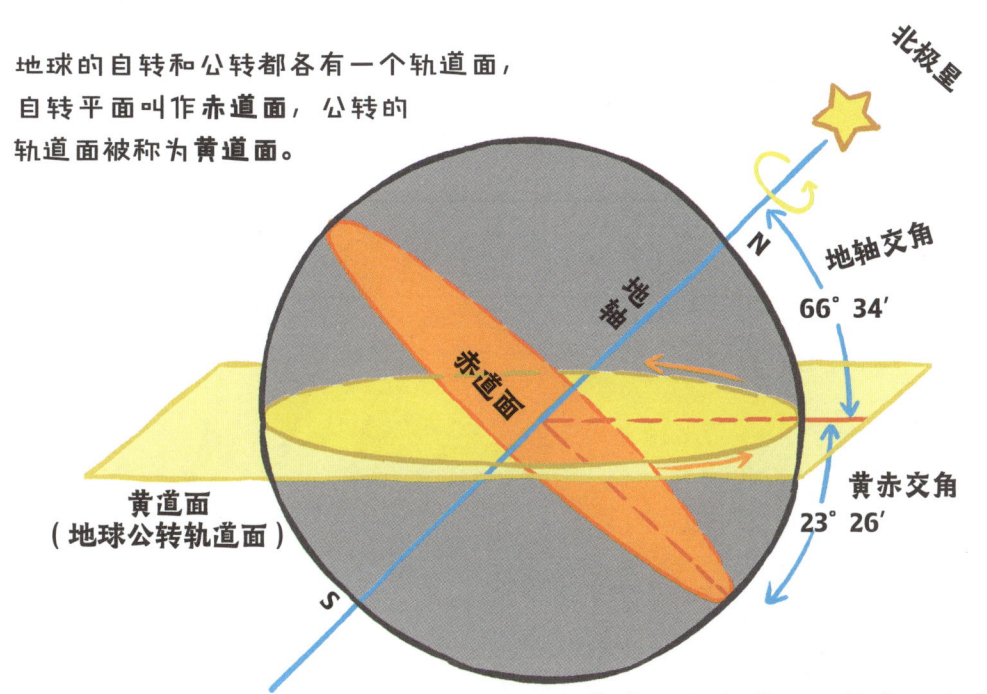

地球的自转和公转都各有一个轨道面，自转平面叫作赤道面，公转的轨道面被称为黄道面。

北极星

地轴交角 66°34′

黄赤交角 23°26′

黄道面（地球公转轨道面）

赤道面

黄道面与赤道面之间有一个大小为23°26′的夹角，叫作黄赤交角。

凭什么我只能移动那么短距离！

前方施工 禁止通行
南回归线

太阳直射点从赤道分别向南北移动到23°26′时，就要被迫返回。

北回归线
前方施工 禁止通行

因此南北纬23°26′也被称为南北回归线。

我继续向东转，太阳直射点落在南回归线上时，冬季到来。

我公转转过180度，太阳光再次直射到赤道上时，秋季到来。

我们拿北半球举例，我自西向东围绕太阳公转。当太阳直射点由南向北落在赤道上时，春季到来。

当我围绕太阳公转90度，太阳的直射点回归线时，夏季到来。

每个人都有自己喜欢的季节，那你知道四季是怎么来的吗？

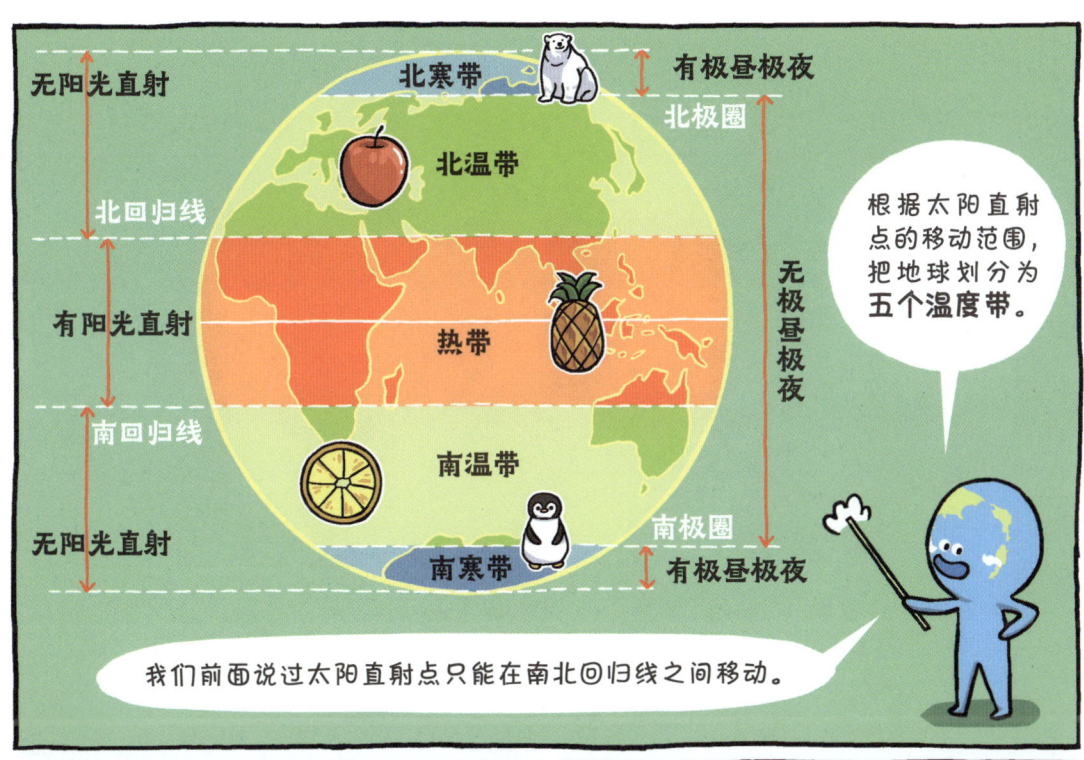

无阳光直射 — 北寒带 — 有极昼极夜
北极圈
北回归线 — 北温带
有阳光直射 — 热带 — 无极昼极夜
南回归线 — 南温带
南极圈
无阳光直射 — 南寒带 — 有极昼极夜

根据太阳直射点的移动范围，把地球划分为**五个温度带**。

我们前面说过太阳直射点只能在南北回归线之间移动。

南北回归线是温带和热带的分界线，中国就有城市直接穿越北回归线。

广东汕头

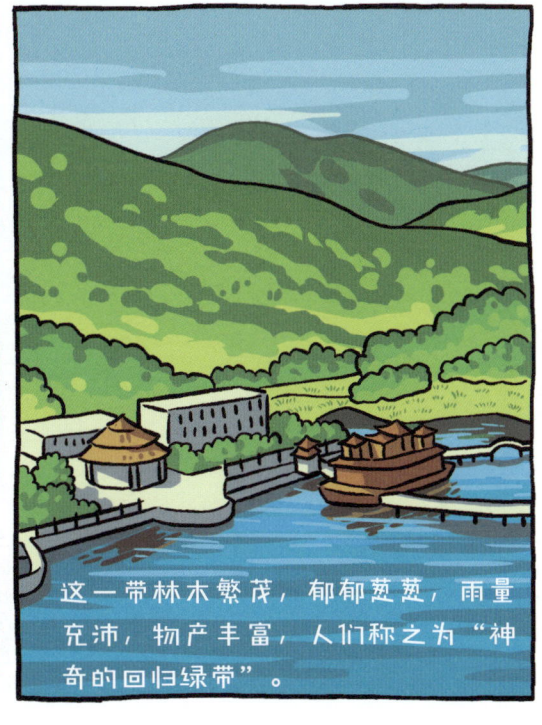

这一带林木繁茂，郁郁葱葱，雨量充沛，物产丰富，人们称之为"神奇的回归绿带"。

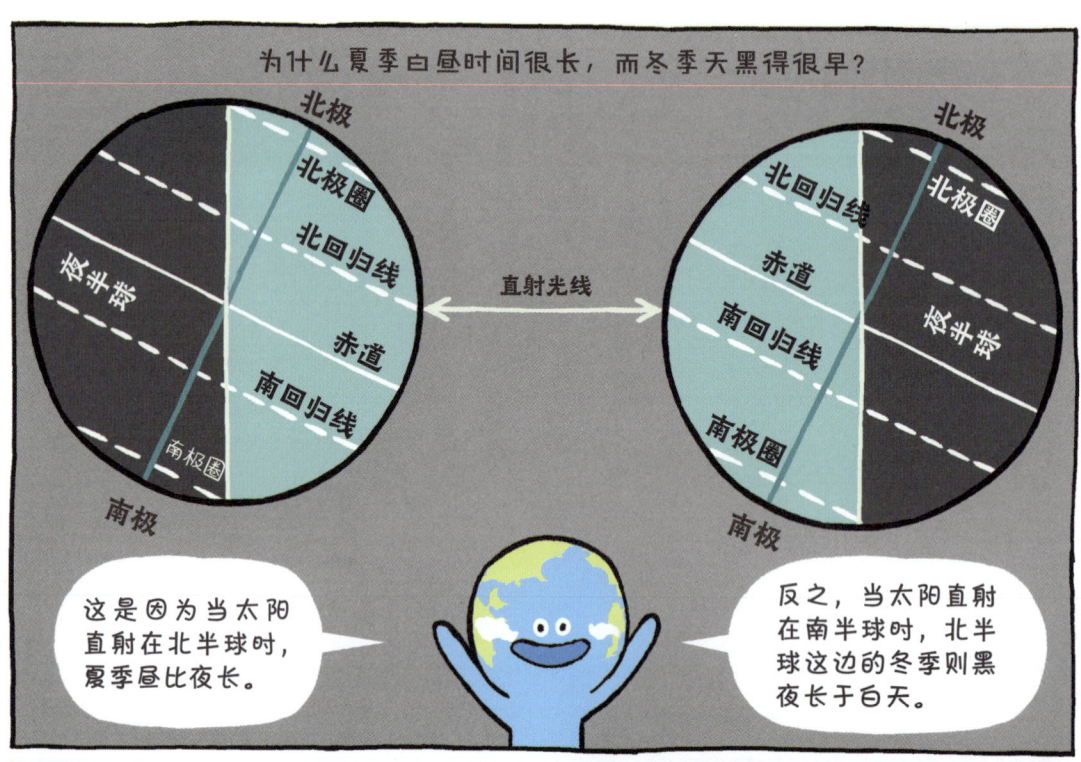

为什么夏季白昼时间很长,而冬季天黑得很早?

北极 北极圈 北回归线 赤道 南回归线 南极圈 南极 夜半球

直射光线

北极 北极圈 北回归线 赤道 南回归线 南极 夜半球

这是因为当太阳直射在北半球时,夏季昼比夜长。

反之,当太阳直射在南半球时,北半球这边的冬季则黑夜长于白天。

6月22日夏至这天,北半球达到全年白天最长,北极圈甚至出现极昼现象。

与之相对应,南半球各地在夏至当日夜晚时间最长,南极圈出现极夜现象。

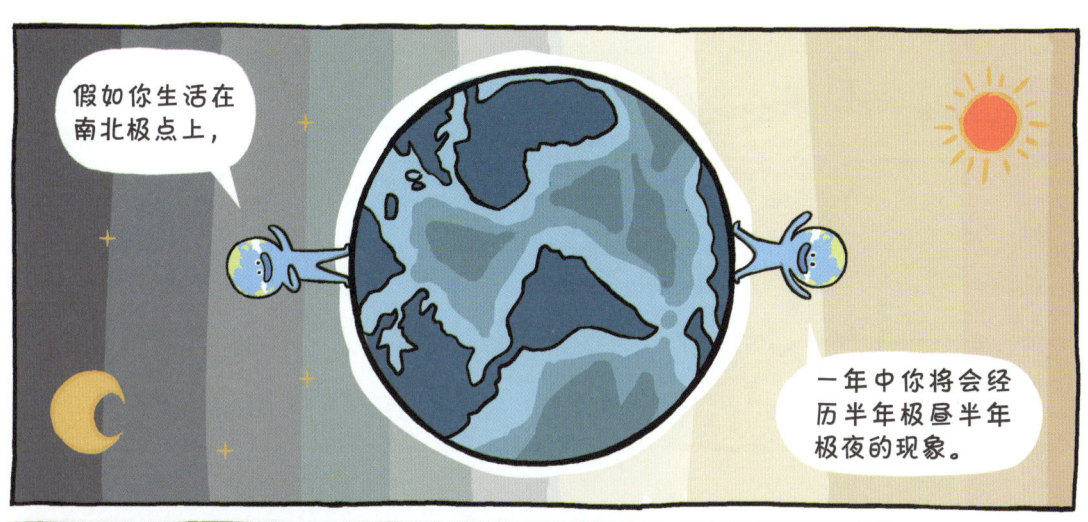

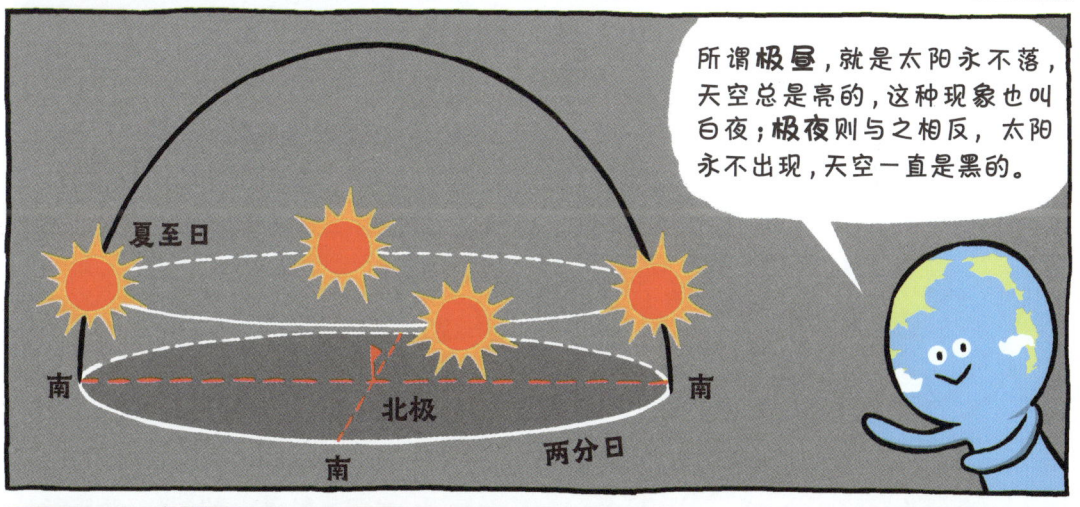

假如你生活在南北极点上，

一年中你将会经历半年极昼半年极夜的现象。

所谓**极昼**，就是太阳永不落，天空总是亮的，这种现象也叫白夜；**极夜**则与之相反，太阳永不出现，天空一直是黑的。

夏至日 南 北极 南 南 两分日

因此在南北极地区是不存在"日出而作，日落而息"的生活规律的。

我们经常听人家说，"这房子坐北朝南，阳光充足……"，这又是什么原理呢？

当太阳直射点在北半球（3月21日—9月23日）时，太阳从东北升起，西北落下。

夏至 6月22日

春分 秋分 3月21日 9月23日

冬至 12月22日

26°30′ 50° 73°30′

16:30 18:00 西 19:30

南 北

7:30 东6:00 4:30

以北京（40°N）为例，北京属于太阳直射点以北地区，在正午时分，太阳位于正南，房屋坐北朝南，就可以接收到更多阳光。

北

你知道乘公交车时，选择什么位置才不会被晒到吗？
158

中午太阳在正南方，我们可以根据车行进的方向，选择背光的一侧来乘坐。

你好，世界

我和你，心连心，同住地球村……

我的运动告一段落，现在让我带大家看点不一样的"景象"。

今天我们将直接走进人类共同的家园——地球。

你问我为什么看起来跟以前不太一样了？

因为我这次要化身地球村村长，带大家一起探寻这个熟悉又陌生的地方。

| 世界 WORLD

在正式游历之前,我想先问大家几个问题。

世界从哪里来?我们居住的家园又是怎么形成的?

同在地球上,为什么有的地方是陆地,有的地方是海洋呢?

板块风云

这一切要从"六块互不相让的**板块**"说起。

亚欧板块

非洲板块

印度洋板块

太平洋板块

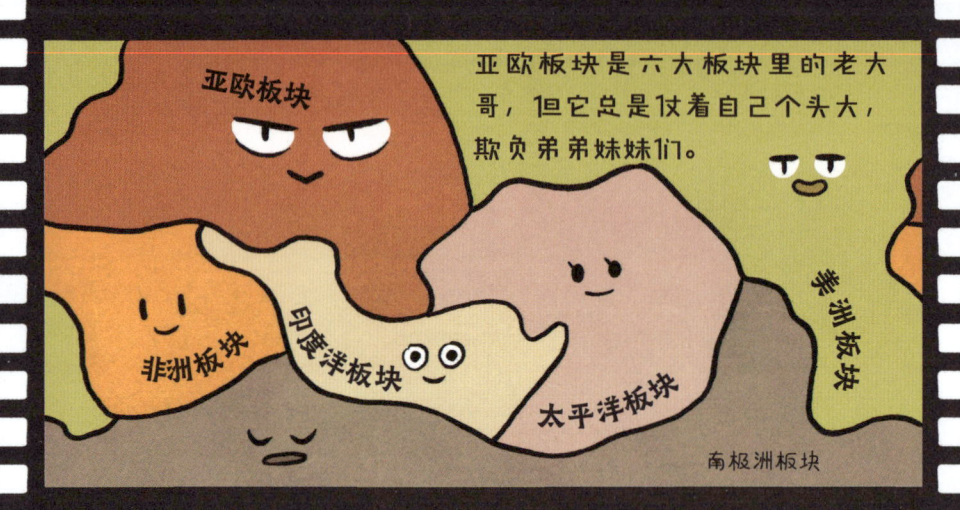

非洲板块

南极洲板块

亚欧板块是六大板块里的老大哥，但它总是仗着自己个头大，欺负弟弟妹妹们。

有一天，四妹太平洋板块正在海里悠闲地游泳，忽然亚欧板块撞了过来。

哇啊！

砰

可怜的四妹还没反应过来就被挤得沉到了海底。

咕噜

咕噜

被压下去的太平洋板块将亚欧板块在海面以下的部分抬升,形成很多岛屿。

太平洋板块　　　　　亚欧板块

其中最有名的就属东南亚的群岛了。由于靠海,纬度低,常年温暖湿润,植被良好。

而太平洋板块俯冲的这一边却形成了很多的海沟。这就是著名的东亚岛弧链。

岛屿　火山　大洋
大陆架
大陆坡　海沟　海底平原

可怜的四妹就这样成全了大哥,"牺牲"了自己。

还有一次，淘气的五弟印度洋板块想要跟大哥玩摔跤。
两大板块刚一相撞，体格明显占优势的亚欧板块就把五弟压在身下。
印度洋板块
亚欧板块
可怜的印度洋板块只能用瘦小的身躯将亚欧板块抬升。
喜马拉雅山脉
青藏高原
恒河平原
印度洋板块
亚欧板块
这就是世界最高山脉喜马拉雅山脉和青藏高原形成的始末。

THE END

这下终于明白为什么我们的家园看起来高低起伏、连绵不绝了吧?

人类总是在不断探寻各种可能居住的地方,并在这里安家落户。

慢慢地这里就成为大家的永恒居所,每个人心之所向的港湾。

这次我想带大家走入我的世界,一起探寻这个熟悉又陌生的地方。

我们的故乡亚洲

欧洲
东欧平原
大高加索山
亚洲
青藏高原
华北平原

首先来到的就是世界上最大的洲。

亚洲总面积超过4400万平方千米，地形复杂多样。

它到底有多大？让我们亲身感受一下吧。

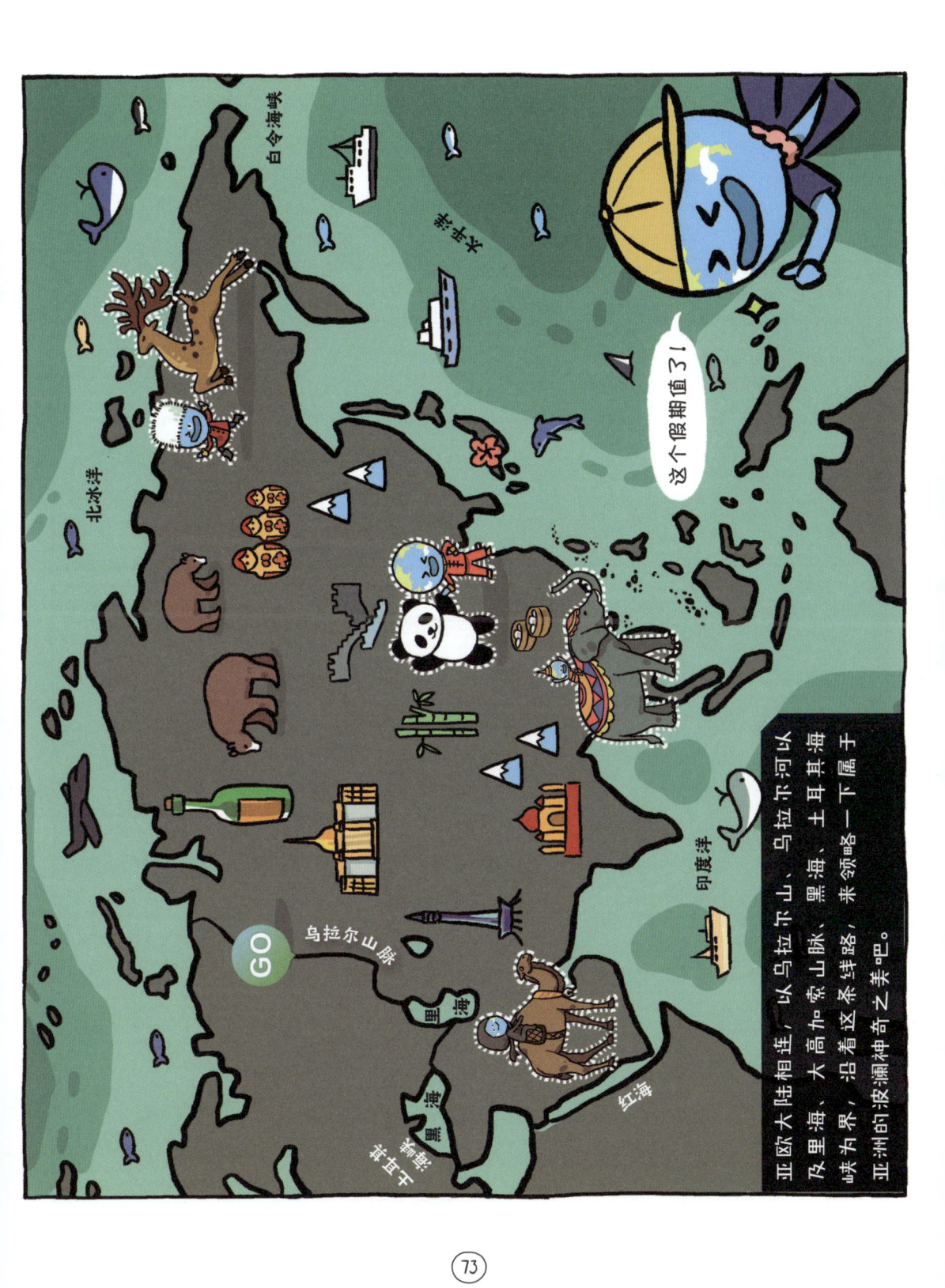

亚欧大陆相连，以乌拉尔山、乌拉尔河为界，大高加索山脉、黑海、土耳其海峡为界，沿着这条线路，来领略一下属于亚洲的波澜神奇之美吧。

我们现在站在亚洲中心的位置，号称最高海拔的高原——青藏高原。

青藏高原

海洋

黄河

长江

这里是很多河流的发源地。跟长江、黄河一样，这些河流大都最终汇入大海，我们称它们为外流河。

我们长大了，要自己出去闯闯啦！

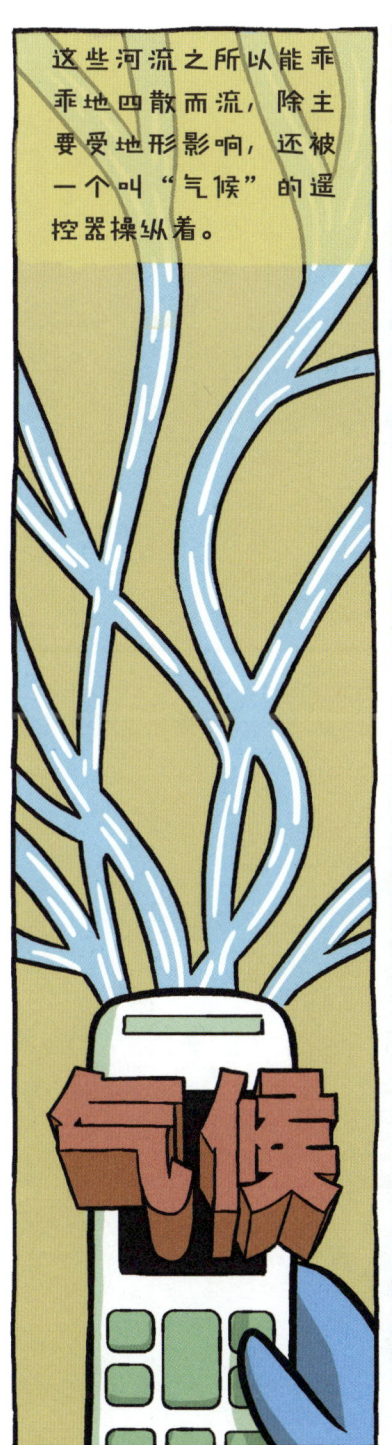

这些河流之所以能乖乖地四散而流，除主要受地形影响，还被一个叫"气候"的遥控器操纵着。

气候

我们前面说过亚洲地域辽阔，南北气候差异大，像东、南部多为季风气候，降水多，河流长，大多数流向海洋。

亚洲中西部多数为温带大陆性气候，降水少，河流短，很多只能流到湖泊或消失在沙漠里，我们称之为**内流河**。

气候宜人的欧洲

咦，怎么走了一圈又回到乌拉尔山脉了？

因为我们要从这里告别亚洲，开启欧洲之旅！

乌拉尔山脉是亚欧大陆的分界线，它同时还是俄罗斯的矿藏宝库。有趣的是，它的东西两侧矿产资源和动植物分布有着明显的区别。

西 阔叶林

东 落叶松

天然气　石油　钾盐　鲑鱼　马克鲟鱼　磁铁　铜　铂　铝　石棉

地跨欧亚的俄罗斯是世界上最大的国家，这里纬度高、气温低，降水偏少。

适合人居住的地方主要在西南部。

东边山地地区极为寒冷，被称为"北半球的寒极"。

俄罗斯还拥有"世界最深湖"——贝加尔湖，它是西伯利亚的重要渔场，同时影响着该地区的气候。

与地大物博的亚洲相比，欧洲则精致许多。

欧洲地形很有趣，南北部为山地，中间大部分地区为平原。远看是不是很像一个"大口袋"？

寒带气候 冰岛

温带大陆性气候 波兰

高原山地气候 瑞士

温带海洋性气候 英国

地中海气候 希腊

复杂多样的气候，造就了独特的欧洲景观。

柏林中央火车站
德国

布拉格格广场
捷克

维也纳音乐厅
奥地利

欧洲铁路绊四通八达,各国之间往来非常便利。

卢森堡宫
卢森堡

阿尔卑斯山
瑞士

埃菲尔铁塔
法国

美丽的非洲大草原

快看长颈鹿！还有大象！

原来我们来到了非洲大草原，南北部大片草原连成一片，是非洲最具特色的景观。

这里野生动物数量和种类居世界之首。一年分干湿两季，因此每年这里都会上演动物大迁徙。

Welcome to Africa

非洲大草原成为非洲最独特的"名片"。

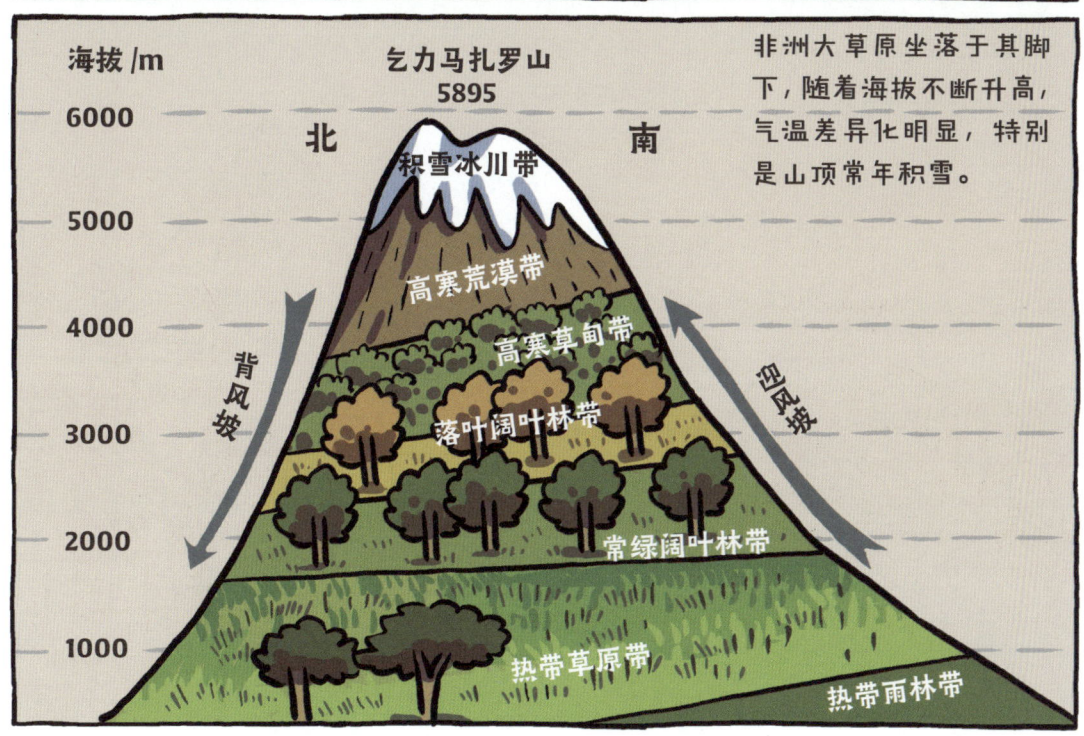

你知道远处那座巍峨的高山是什么山吗?

它就是号称"非洲第一雪峰"的乞力马扎罗山,高5895米。

非洲大草原坐落于其脚下,随着海拔不断升高,气温差异化明显,特别是山顶常年积雪。

海拔/m

乞力马扎罗山 5895

北 南

6000 — 积雪冰川带
5000 — 高寒荒漠带
4000 — 高寒草甸带
3000 — 落叶阔叶林带
2000 — 常绿阔叶林带
1000 — 热带草原带 / 热带雨林带

背风坡 / 迎风坡

这里怎么没路了，远远看上去好像用剑劈开的一道大裂缝。

没错，这里就是被称为"地球伤疤"的东非大裂谷。

在非洲东北部还有一条举世闻名的河流，它就是尼罗河。尼罗河又被称为非洲的母亲河，它孕育出古埃及五千年的历史文明。

非洲撒哈拉沙漠以南为黑色人种，以北多为白色人种。
你好，我来自非洲。
你好，我也来自非洲。
非洲矿产资源储量极大，特别是金刚石产量丰富。
非洲目前大部分地区经济仍较为滞后。
中国与非洲各国长期保持友好往来，相互扶持，进一步加强经济协作。

凝聚在一起的北美洲

西半球主要分布着两大洲——北美洲和南美洲，西部的科迪勒拉山系将它们紧密联系在一起。

科迪勒拉山系

密西西比平原

亚马孙平原

巴西高原

安第斯山脉

一转眼三个大洲都被我们走完了。

不如我们翻越到地球的另一面，了解下西半球的世界。

中部的密西西比河平原被世界第四大河流密西西比河冲积而成。

落基山脉

密西西比河平原

北美洲名山遍布，西部是著名的落基山脉，东部是古老的阿巴拉契亚山脉。

阿巴拉契亚山脉

北美洲国家不多，最主要的两个发达国家就是美国和加拿大。

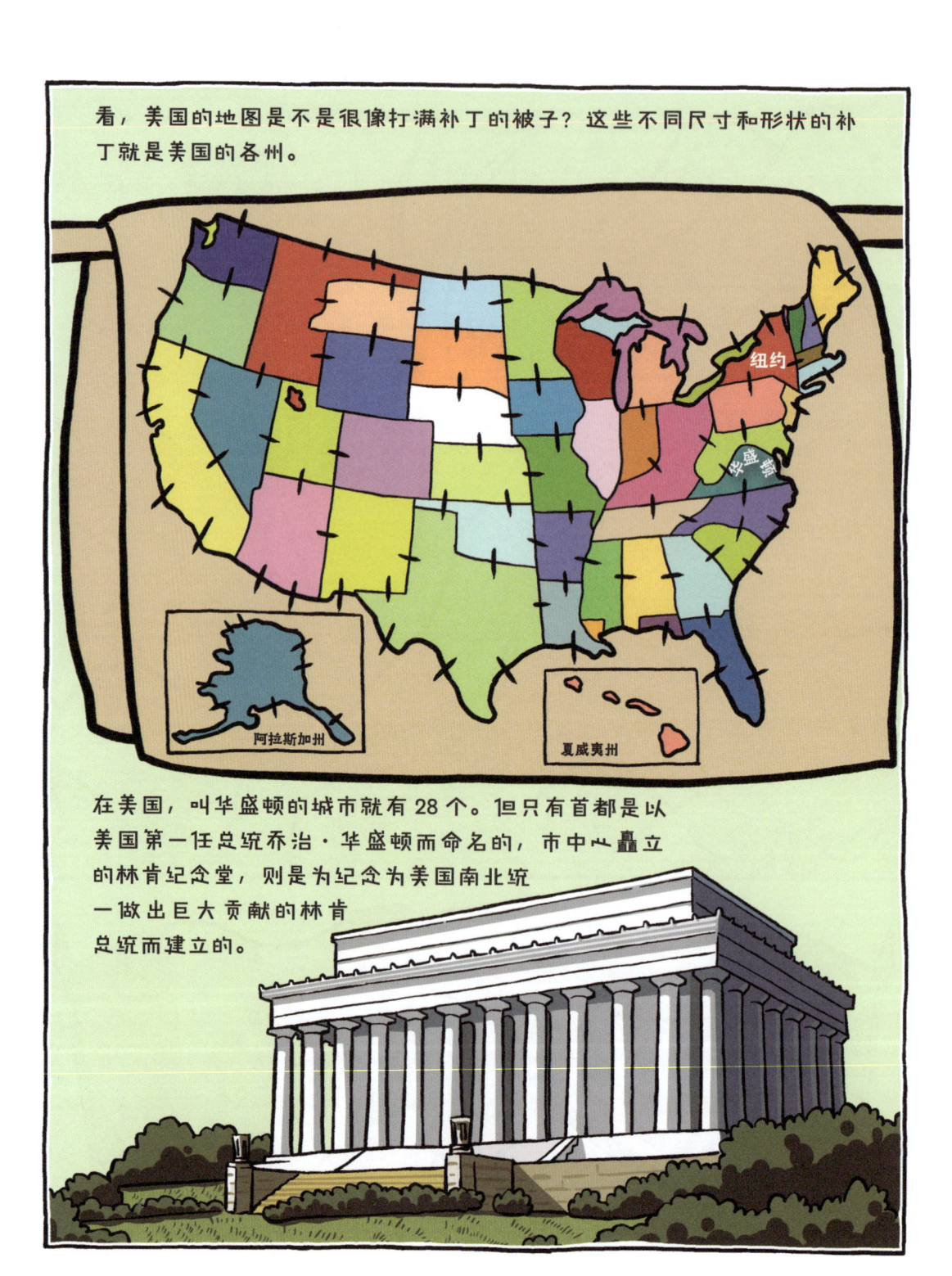

看，美国的地图是不是很像打满补丁的被子？这些不同尺寸和形状的补丁就是美国的各州。

纽约

华盛顿

阿拉斯加州

夏威夷州

在美国，叫华盛顿的城市就有28个。但只有首都是以美国第一任总统乔治·华盛顿而命名的，市中心矗立的林肯纪念堂，则是为纪念为美国南北统一做出巨大贡献的林肯总统而建立的。

喷洒农药

美国农业发达，并且技术先进。大豆产量全世界领先。

收割庄稼

全自动洒水

美国东北部水资源充沛，交通便利，大城市主要聚集于此。

南部紧靠墨西哥湾，气候温暖，被称为阳光地带。

位于美国北部的加拿大，面积世界第二，地广人稀，气候较为寒冷。

热情洋溢的南美洲

南美洲大部分地区位于热带，因此那里无论是气候还是人民都很热情奔放。

最有激情的当然是南美洲的桑巴王国——巴西。

哟吼，村长！快来感受下我们热烈的南美风情吧！

哇！好热闹！

亚马孙平原

热带雨林

巴西高原

巴西还有三个"之最",北部有世界上最大的平原——亚马孙平原,南部分布着世界最大的高原——巴西高原。亚马孙平原有着世界上最大的热带雨林。

南美洲有许多资源丰富的国家,北部的委内瑞拉有大量的石油资源。

南部的阿根廷畜牧业在世界上举足轻重。

目前南美洲各国属于发展中国家,相信通过人们的不断努力奋斗,热情的南美人民未来会无限美好!

地广人稀的大洋洲

这里怎么有一个四周环海，孤零零的大陆呢？

原来这里就是世界上唯一独占一块大陆的国家——澳大利亚。它和周围的岛屿一起组成大洋洲。

大洋洲

澳大利亚

热带草原气候

热带雨林气候

热带沙漠气候

东部沿海地区气温适宜、降水丰沛。澳大利亚的主要城市，如首都堪培拉、经济中心悉尼均分布于此。

澳大利亚也是一个地跨多种不同气候的国家，西部以沙漠气候为主，中部是热带草原气候。

温带海洋气候

快看，远处过来的一跳一跳的是什么动物？
袋鼠，是澳大利亚特有的一种动物，它保留了哺乳类动物的最原始状态。
袋鼠
鸭嘴兽
考拉
早在6500万年前，澳大利亚就与其他大陆分离了，因此这里物种进化缓慢。
但由于环境被破坏，越来越多珍稀动物濒临灭绝，这也给人类敲响了警钟。

说到动物，那就不得不提一下澳大利亚的一个称号——骑在羊背上的国家。

澳大利亚草原广阔、气候宜人，再加上没有天敌，这里简直就是"羊儿的天堂"。

因此，这里羊毛出口量遥遥领先于其他国家。

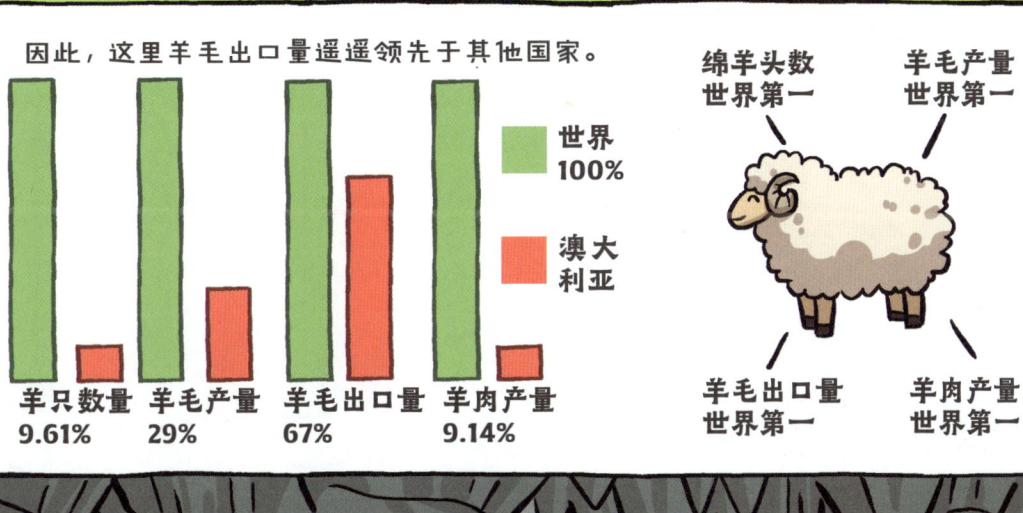

世界 100%
澳大利亚

羊只数量 9.61%　　羊毛产量 29%　　羊毛出口量 67%　　羊肉产量 9.14%

绵羊头数 世界第一
羊毛产量 世界第一
羊毛出口量 世界第一
羊肉产量 世界第一

除此之外，澳大利亚矿产丰富，还被称为"坐在矿车里的国家"。

节约用水
节水
水是生命之源，请节约用水！
这里不是四面环海吗，为什么要节约用水？
商用洗车中心需设可回收利用水的设施，否则一律关闭。
在公共场所设立“无水厕所”。
随着全球可用水资源的变少，澳大利亚提前出台了一系列节水政策。
政府积极研发并推广可用于农业的节水科学技术和设施。
政府鼓励人们节约用水，在小区中心安装了全套水资源循环设备。

家庭作业

①观察 测量没有关紧的水龙头一天会漏多少升水。

②数数你家有哪些节水措施,设计一个家用节水装置。

③安装储水罐,收集屋顶流下的雨水,带领孩子一起浇灌花草和菜园子。

老师说,节约用水要从点滴做起。澳大利亚从小学起就教育孩子们节约水资源。

冰雪皑皑的南极洲

自西向东拨转地球仪，我们可以清晰地看到六个大洲，还有一个大洲在哪里呢？

印度洋

南极洲

120° 150°
60° 165°
45° 150°
30° 135° 60° 45° 30°
90° 120°
子午线 30°
60°

大西洋 太平洋

它就藏在地球的最底端！它是地球的最南端，也是世界上平均海拔最高的洲——南极洲。

南极洲又被称作"冰原大陆"，常年寒冷。

暖季在12—2月，气温在零摄氏度以下。最冷达到零下八十多摄氏度。

别看南极寒冷，其实在2000米厚的冰盖层下，蕴含着丰富的资源。

铜矿

石油

煤炭

铁矿

天然气

南极洲最被全世界所珍惜的，还是其重要的科考价值。

研究它的冰层特征可以推测气候曾经的变化。

长城站
昆仑站
泰山站
中山站

中国已建成四个长期**南极科考站**。

登陆前需对衣物进行"搜身"，防止无意中将隐藏物品带进南极。

需要更换经过消毒的特制登陆靴。

不可随意弃置垃圾。

不可带走南极任何生物。

不可因接近、摄影，而改变动物的生态行为。

不可喂食、触摸鸟类和海豹。

作为地球上的最后一片净土，人们想尽一切办法，保护南极的生态环境，甚至有旅游公司专为它设立"不平等条约"。

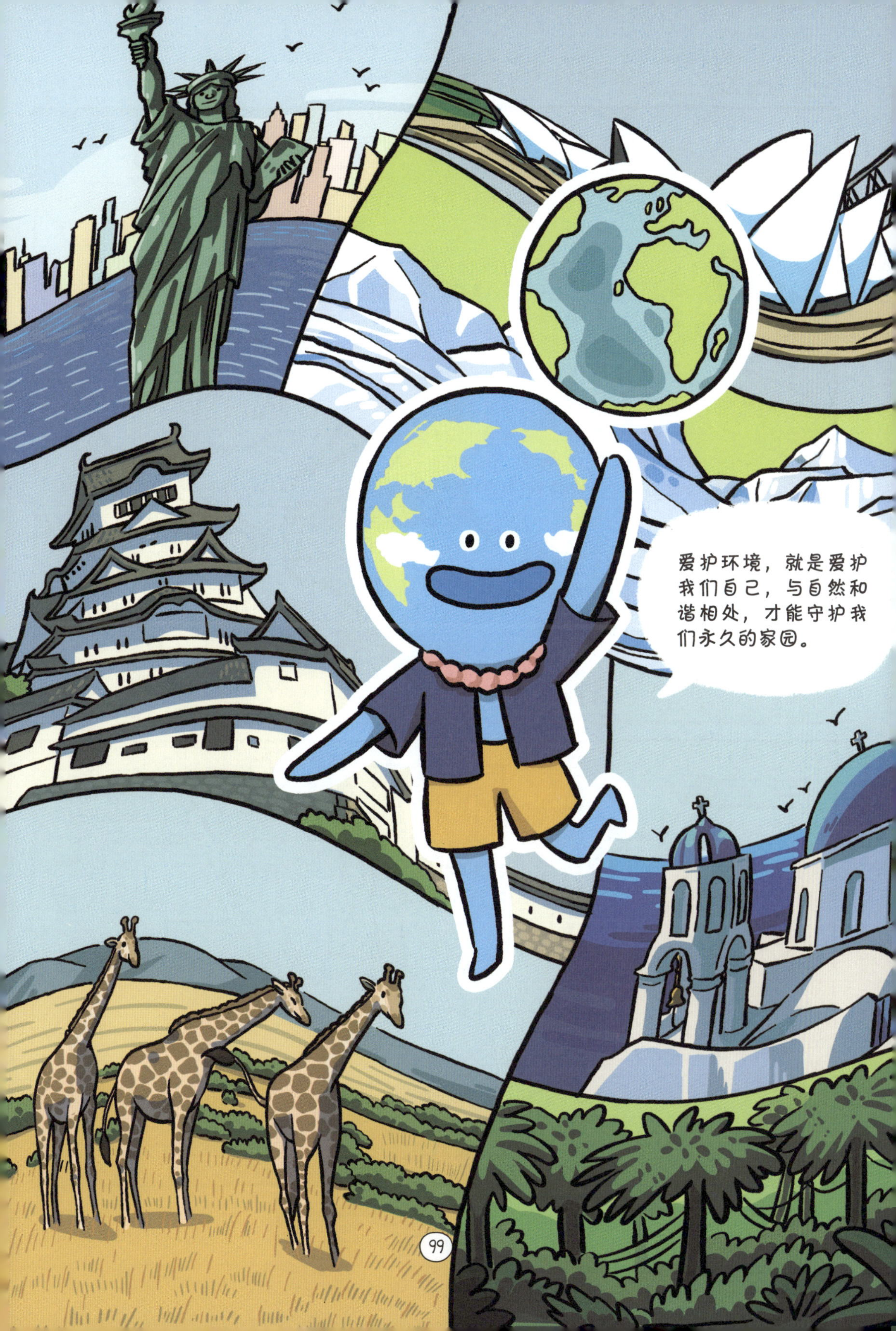
爱护环境，就是爱护我们自己，与自然和谐相处，才能守护我们永久的家园。

这就是二十四节气

春雨惊春清谷天，
夏满芒夏暑相连，
秋处露秋寒霜降，
冬雪雪冬小大寒，
上半年是六廿一，
下半年是八廿三。
每月两节日期定，
最多只差一两天。

二十四节气

知道我背的是什么吗？它叫节气歌。

这里面包含了二十四个节气。

地球 EARTH

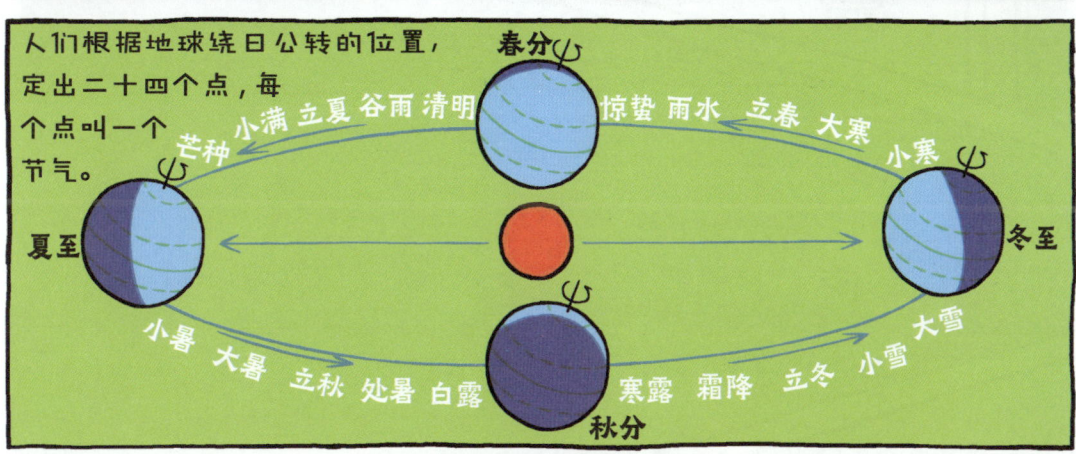

"二十四节气"是中国古代劳动人民对天文、气象进行长期观察、研究的产物。

人们根据地球绕日公转的位置，定出二十四个点，每个点叫一个节气。

春分 芒种 小满 立夏 谷雨 清明 惊蛰 雨水 立春 大寒 小寒 冬至 夏至 小暑 大暑 立秋 处暑 白露 寒露 霜降 立冬 小雪 大雪 秋分

它是农耕文明的产物，同时影响人们生活的方方面面。2016年被正式列入联合国教科文组织人类非物质文化遗产代表作名录。

立春，是二十四节气中的第一个节气，代表春天的开始。过年一般都在立春前后。

惊蛰，天气回暖，春雷乍动，惊醒了蛰伏在地下冬眠的昆虫。经过一个冬天，冬小麦返青，万物重整待发，准备开始一年的忙碌。

夏熟作物的籽粒开始变得饱满，但还没完全成熟，所以只是小满。

寒露，水汽凝结成露水，天气由凉爽慢慢变寒冷。重阳节一般在寒露前后。这个时节主要是水稻成熟，冬小麦开始播种。

霜降，天气转凉，露水凝结成霜。霜降是秋季的最后一个节气，这时农事基本已完成，准备迎接寒冷的冬天。

冬至，二十四节气中一个重要的节气，也是中国民间的传统节日。这一天也被叫作"冬节"。在中国北方地区，有冬至吃饺子的习俗。

清明麻,谷雨花,
立夏栽稻点芝麻,
小满小麦粒渐满,
收割还需十多天。

惊蛰刮北风,
从头另过冬。
春分有雨家家忙,
先种麦子后插秧。

白露谷,寒露豆,
花生收在秋分后。
喝了白露水,
蚊子闭了嘴。

日长长到夏至,
日短短到冬至。
小暑不算热,
大暑三伏天。

大寒小寒

大寒之后天渐暖

小寒不如大寒寒

寒露不摘棉，
霜打莫怨天。
寒露收山楂，
霜降刨地瓜。

中国到底有多大

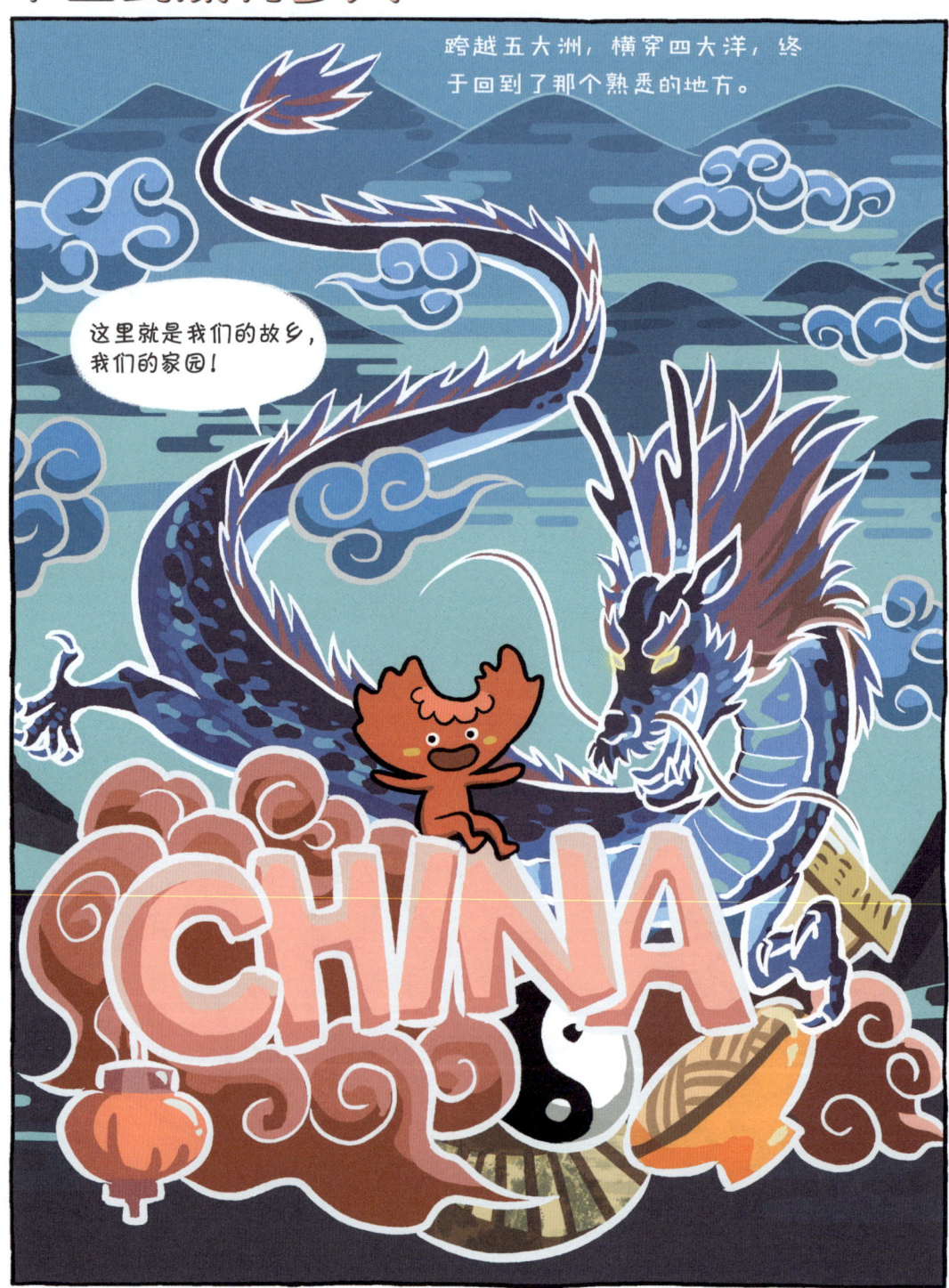

跨越五大洲，横穿四大洋，终于回到了那个熟悉的地方。

这里就是我们的故乡，我们的家园！

家园 HOMES

我们的大中国呀，好大的一个家！

她到底有多大呢？先来做一道简单的应用题。

美国
约 937 万平方千米

+

英国
约 24 万平方千米

=

蒙古
约 157 万平方千米

× 6 =

中国
约 960 万平方千米

早自习

PM 12:00

中国的国土面积有 960 万平方千米，东西横跨五个时区，南北穿越五大温度带，居世界第三，亚洲第一。

吃午饭

新疆喀什

黑龙江
佳木斯

辽阔的疆域

如果想要从最西端的帕米尔高原步行到最东端的黑瞎子岛（5200千米，平均时速5千米/时），你可能要走43天8小时才能到达。

新疆帕米尔高原
（73°40′E）
处于东五区

未定 ----- 国界线
—— 海岸线

你好你好！

中国包括有960万平方千米的土地面积、300万平方千米的海域面积和1260万平方千米的**领空**。

黑龙江省漠河
(53°33′N)
平均气温 −5.5 摄氏度

黑瞎子岛
(135°2′E)
处于东九区

你好啊！

从最北端的漠河到最南端的曾母暗沙有 5500 千米的距离，开车过去（平均时速 80 千米/时）也要 2 天 17 小时。

南海曾母暗沙
(3°51′N)
平均气温 26 摄氏度

南海诸岛

6500 万年前开始的大巨变

见识过了这些大好河山,是不是对我这个"宝藏男孩"更感兴趣了呢。

要想搞清楚我的来历,就要先弄明白我是怎么出现的。

又是怎样一步步变成了现在的我。

故事要从 6500 万年前开始讲起……

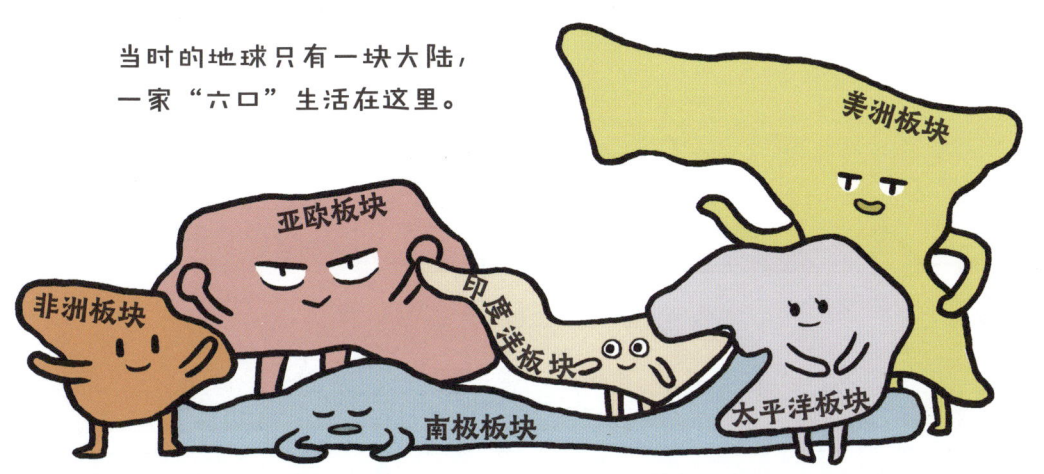

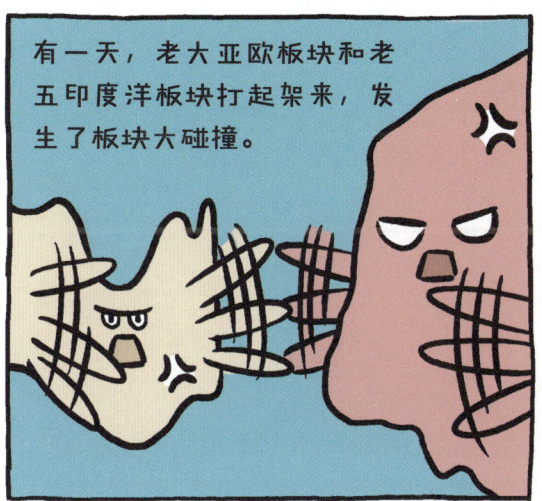

当时的地球只有一块大陆，一家"六口"生活在这里。

美洲板块
亚欧板块
印度洋板块
非洲板块
南极板块
太平洋板块

有一天，老大亚欧板块和老五印度洋板块打起架来，发生了板块大碰撞。

亚欧板块仗着自己块头大，直接把印度洋板块压在了身下。

亚欧板块逐渐抬升，并且越来越高，就形成了号称"世界屋脊"的青藏高原和喜马拉雅山，海拔4000米以上。

8000
6000
4000
2000

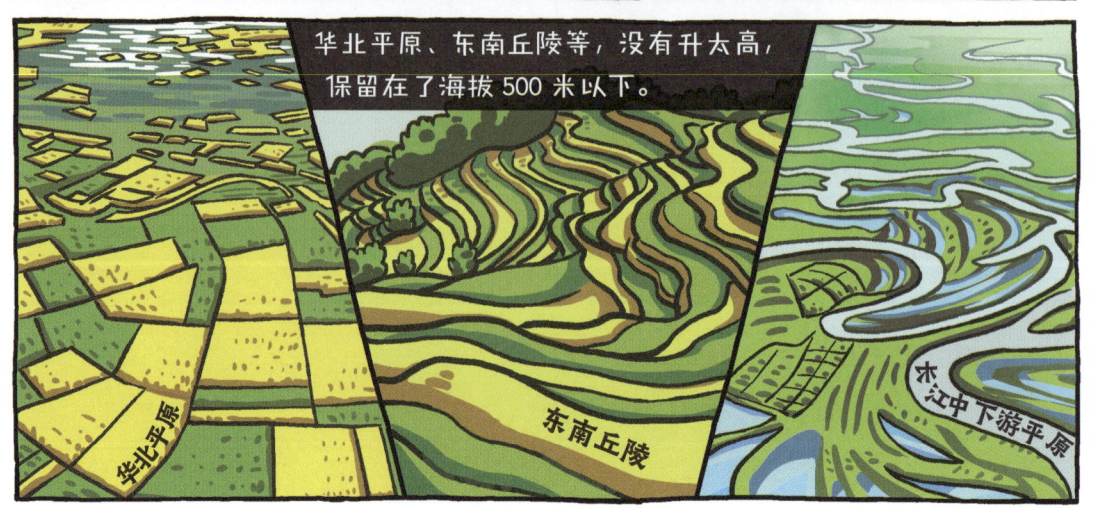

然而这场大碰撞的洪荒之力还没有释放完毕，剩余力量开始向外扩散。

黄土高原、云贵高原升到了海拔2000~3000米。

黄土高原　云贵高原　塔里木盆地

华北平原、东南丘陵等，没有升太高，保留在了海拔500米以下。

华北平原　东南丘陵　长江中下游平原

这就形成了中国地形的三大阶梯。

冷暖空气有多强

这里怎么又干又冷？

抱歉，我实在过不去！

← 夏季风

嘿嘿，当然是因为我啦！

← 冬季风

青藏高原阻挡了湿润的**夏季风**，导致整个西北地区，变得沙漠遍布、戈壁纵横。

水汽

好温暖的海风！

夏季风

从东南方向吹来的温暖的夏季风，路过海水时带来大量水汽。

慢慢就形成了这里温暖湿润的"江南烟雨天气"。

了解了关于我的基本地形和气候成因，就该去我家做做客啦。

不如我们这次就沿着"三级阶梯"出发！

"白山黑水"的故乡——东北平原

我们首先来到的就是中国最大的平原——东北平原。

小兴安岭
大兴安岭
东北平原
长白山

东北平原主要由黑龙江、吉林、辽宁三个省组成。

黑龙江　吉林　辽宁

东北平原是全球仅有的三大黑土区域之一。

这里的土地肥沃，是中国最重要的粮食业生产基地，有"北大仓"之称。

丰　丰　丰

这里可是号称"中国最北极"的黑龙江漠河。

好冷啊!

它是中国纬度最高的地方,夏至那天会出现"白夜"的奇幻景象,它还是中国唯一可以看到北极光的地方。

省会哈尔滨有着"冰城"美誉,每年的国际冰雪节都会吸引世界各国游客前来。

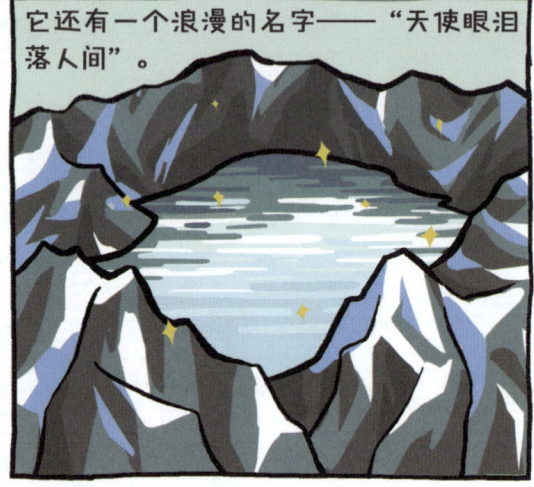

还有一个地方一直上演着"冰与火之歌",它就是位于吉林省的**长白山天池**,由于地理原因,山顶常年积雪。

长白山是一座活火山。三百年前火山喷发后,集满一池碧波,就形成了现在的天池。

它还有一个浪漫的名字——"天使眼泪落人间"。

从古至今的水怪传说,更是给它蒙上了一层神秘色彩。

啊,水怪!快跑啊!!

这里就是新中国工业的摇篮——辽宁省。
咱们工人有力量！
辽宁之所以重工业发达，源于这里丰富的铁矿资源。
俗话说：“打铁自身硬。”
早在汉代，人们就已经开始开采铁矿了！

条条大道通这里——华北平原

江苏

北京大学

清华大学

天津港

华北平原

天津

北京

安徽

山东

河北

开封府

河南

众多名校、川流不息的港口、千年古都坐落在这里，还有一望无际的田野。

来一起唱"七子之歌"吧！

华北平原虽然面积没东北平原大，但横跨七省。

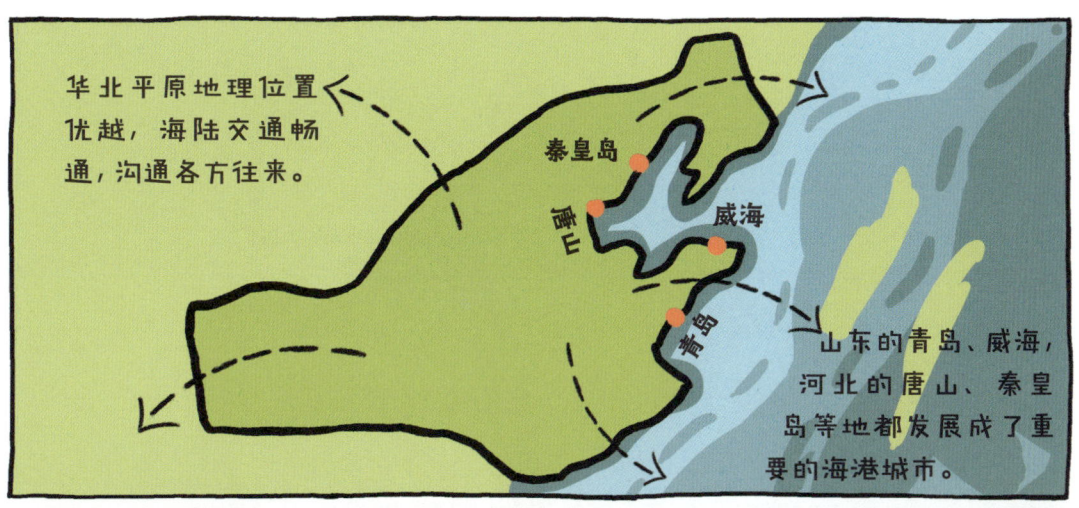

华北平原地理位置优越，海陆交通畅通，沟通各方往来。

山东的青岛、威海，河北的唐山、秦皇岛等地都发展成了重要的海港城市。

天津港从古至今就是中国重要的交通枢纽，沟通了中国与亚欧各国的往来。

以天津为中心，周边沿海城市为支线形成环渤海经济圈，作为中国的三大经济区之一，带动了北方地区乃至全国经济的不断发展。

旅客朋友们，郑州站到了！

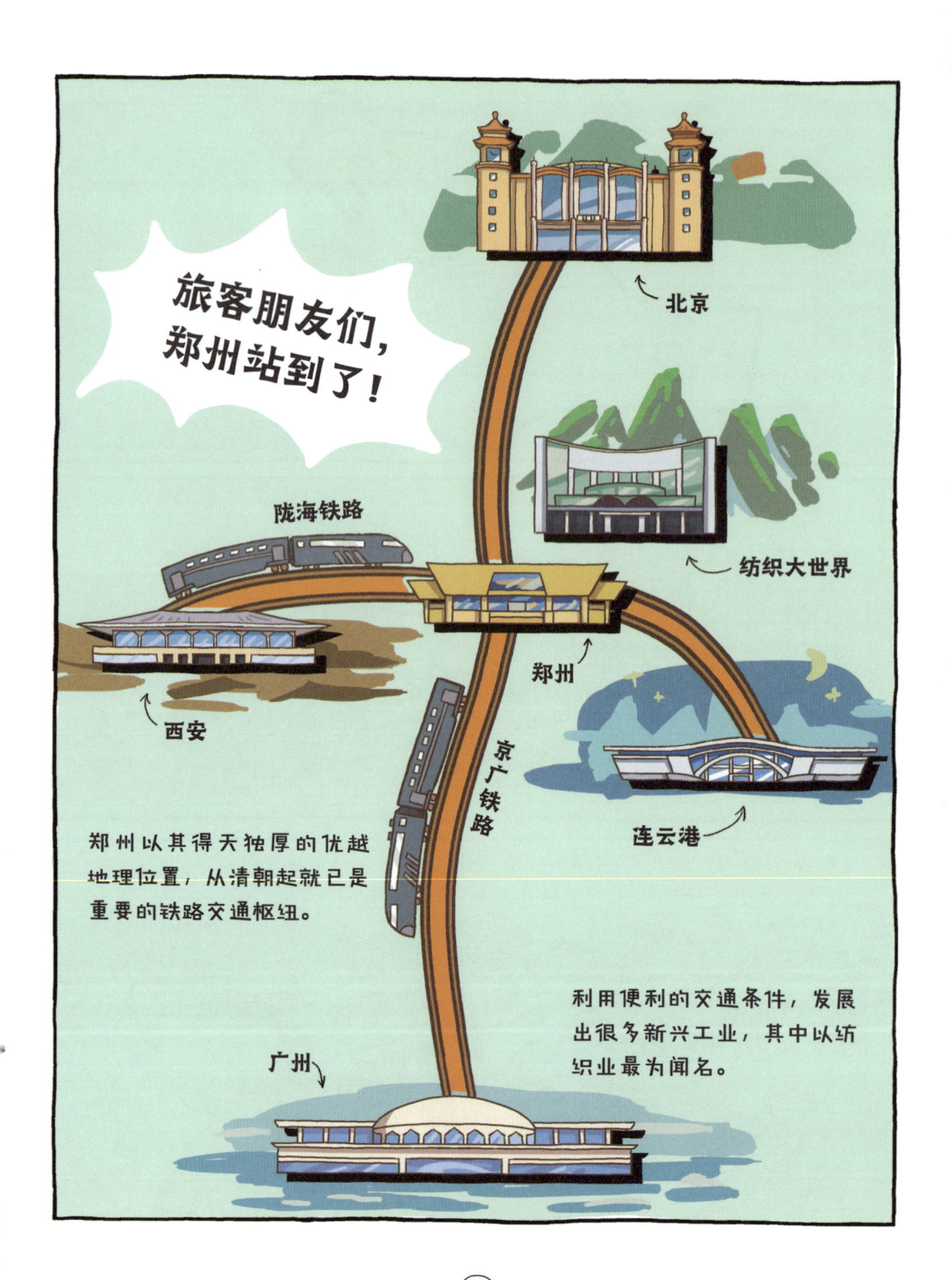

← 北京

陇海铁路

← 纺织大世界

↙ 郑州

← 西安

京广铁路

↗ 连云港

郑州以其得天独厚的优越地理位置，从清朝起就已是重要的铁路交通枢纽。

利用便利的交通条件，发展出很多新兴工业，其中以纺织业最为闻名。

广州↘

河北省省会石家庄,最初只是一个小山村。西靠**太行山**,是黄土高原通往华北平原的重要关口。

石家庄

太行山

直通南北的京广铁路,横贯东西的石德、石太铁路均在此交汇,这里经济发展因此而腾飞。

北京
京广铁路
保定
天津
太原方向
石太铁路
石家庄
石德铁路
德州
济南

江南水乡——长江中下游平原

见证了华北平原上的发展变迁，我们再往南走走看。

这里河水怎么开始变浅了？好多的泥啊！

救命啊！
我不会游泳！

长江上游带来的泥沙，经过长时间冲刷就形成了著名的长江中下游平原。

哪里来的闷闷的打雷声？

快看！远处江水像一条条银线跳跃。

这就是著名的**钱塘江大潮**，每年的农历八月十八是观潮日，据说这一习俗始于汉魏，盛于唐宋，至今已有2000余年。

哇，好大的浪，如万马奔腾，好壮观！

长江中下游平原最显著的特点是地势低平、河渠纵横，湖泊星罗棋布。中国的五大淡水湖，均坐落于此。

洪泽湖
巢湖
太湖
洞庭湖
鄱阳湖

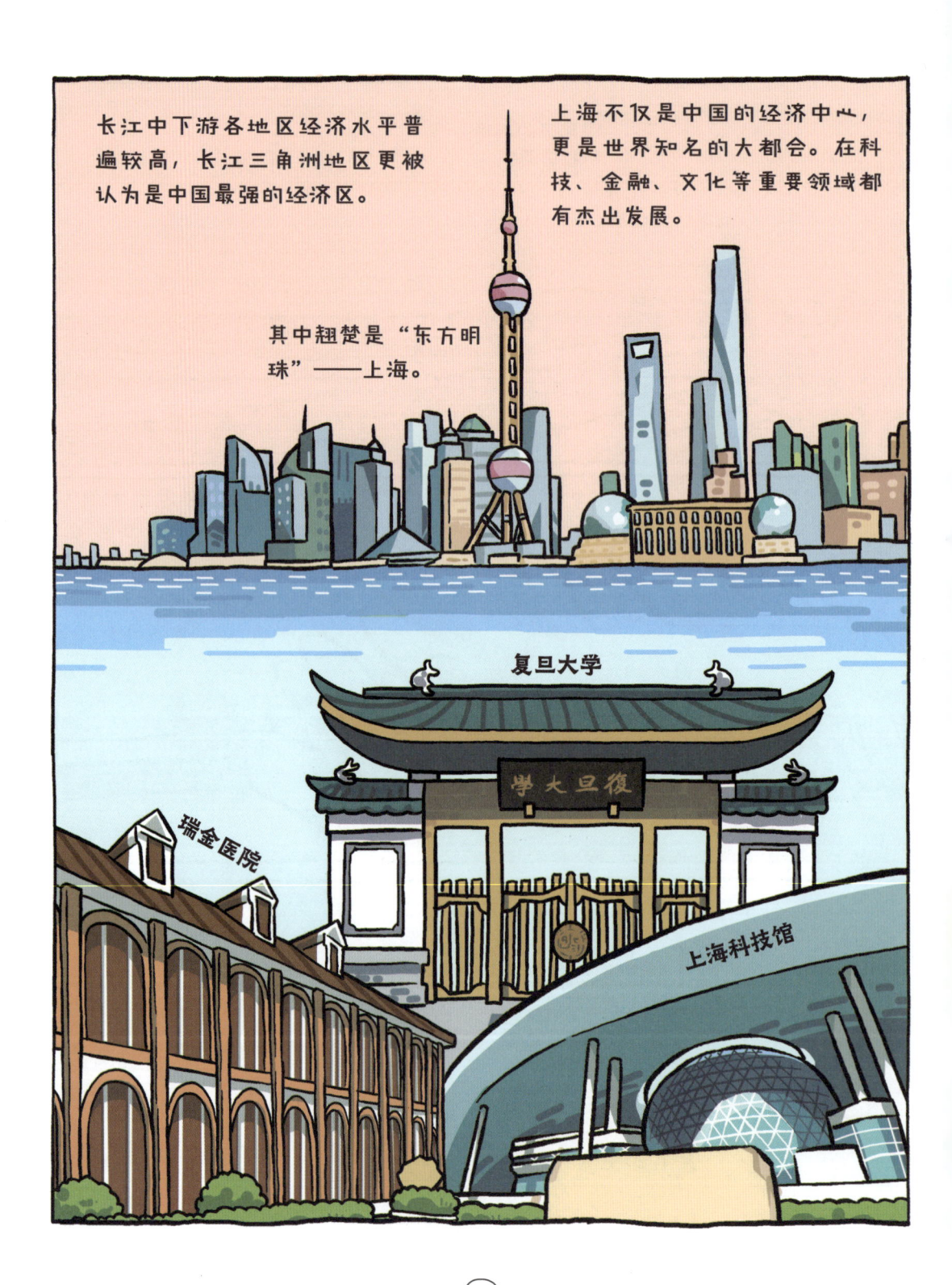

长江中下游各地区经济水平普遍较高，长江三角洲地区更被认为是中国最强的经济区。

上海不仅是中国的经济中心，更是世界知名的大都会。在科技、金融、文化等重要领域都有杰出发展。

其中翘楚是"东方明珠"——上海。

复旦大学

瑞金医院

上海科技馆

除上海以外，其他省市经济发展也各有特点。

你知道苏浙沪地区还有个有趣的别称，叫"包邮地区"吗？

众所周知，国内著名电商平台起步于浙江，"三通一达"物流公司总部也在这里。

同时这里还是众多小商品市场的聚集地。

义乌小商品城　百货大全

长三角地区经济富庶，人民购买能力强，因此得到了这个"近水楼台先得月"的好福利。

茶香四溢——东南丘陵

好漂亮呀！

我们现在来到的是东南丘陵，这里人杰地灵，两大经济发达省份坐落于此。

一个是著名旅游大省福建省，另一个是高新产业发达的广东省。

广东省

福建省

但你可能不知道，它们还是两个饮食大省。

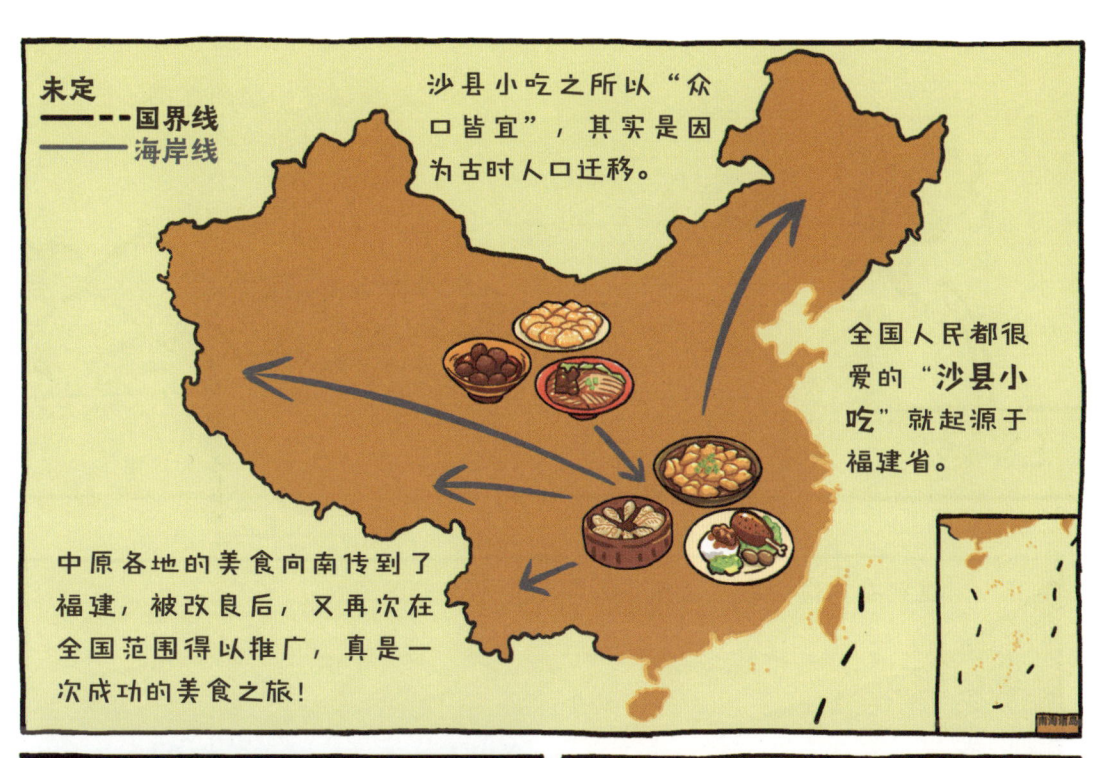

未定
——- 国界线
—— 海岸线

沙县小吃之所以"众口皆宜"，其实是因为古时人口迁移。

全国人民都很爱的"沙县小吃"就起源于福建省。

中原各地的美食向南传到了福建，被改良后，又再次在全国范围得以推广，真是一次成功的美食之旅！

广东就更不必说，拥有四大名菜之一的粤菜、种类繁多的广式早茶，为全世界所称赞。

还有与广东毗邻的两大特别行政区，更是美食云集！

广州
香港
澳门
香港特别行政区
澳门特别行政区
菠萝包
蛋挞

—— 特别行政区界
—— 海岸线

"火焰山"的传说——塔里木盆地

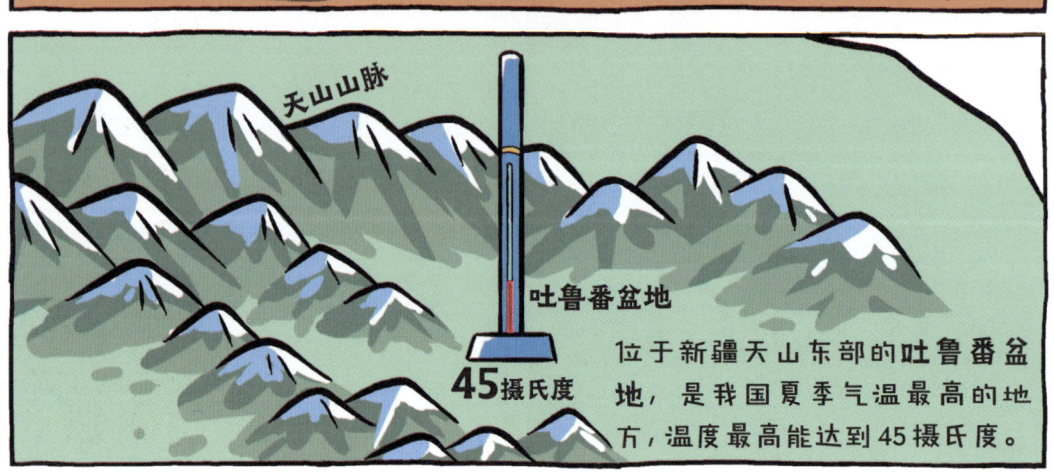

中国实在太大了，走了这么久才走完第三级阶梯，接下来我们再往上走。

这里位于中国的西部地区，大部分时间气候干旱少雨。

第二级阶梯

这就是传说中的"火焰山"吗？果然又热又干！

天山山脉

吐鲁番盆地

45摄氏度

位于新疆天山东部的**吐鲁番盆地**，是我国夏季气温最高的地方，温度最高能达到45摄氏度。

这里虽然有意思，但是玩一会就口渴了。

聪明的当地人发明了"把远山地下的水通过地下暗渠引到村庄，以便减少地表的蒸发"的伟大工程——坎儿井。

解决了饮水问题，那就痛痛快快地玩吧！

风吹过来的高原——黄土高原

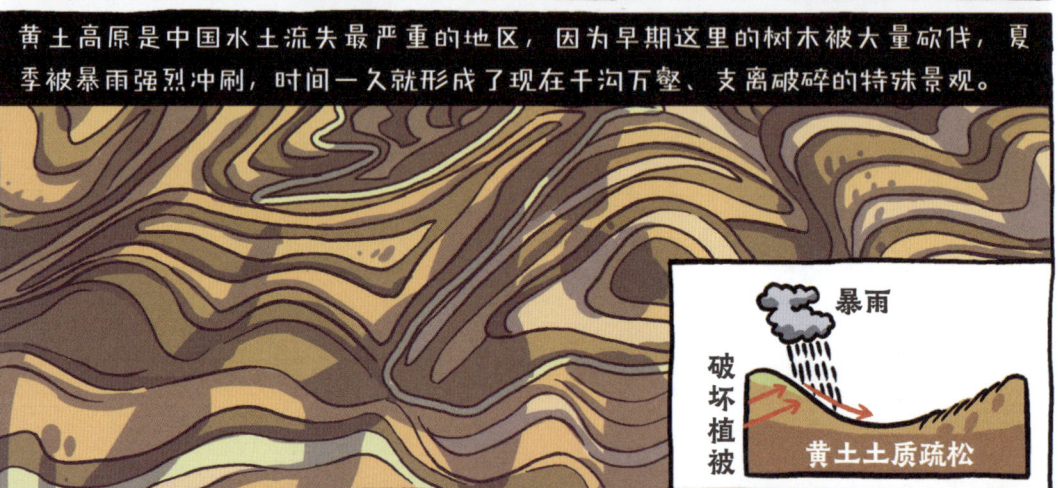

好壮观！

这里难道就是中国古代文明发祥地之一的黄土高原吗？

黄土高原是中国水土流失最严重的地区，因为早期这里的树木被大量砍伐，夏季被暴雨强烈冲刷，时间一久就形成了现在千沟万壑、支离破碎的特殊景观。

暴雨
破坏植被
黄土土质疏松

也正因此孕育出了独特的黄土地文化，出现了以窑洞为代表的特色民居。

秦陵兵马俑
世界八大奇迹之一

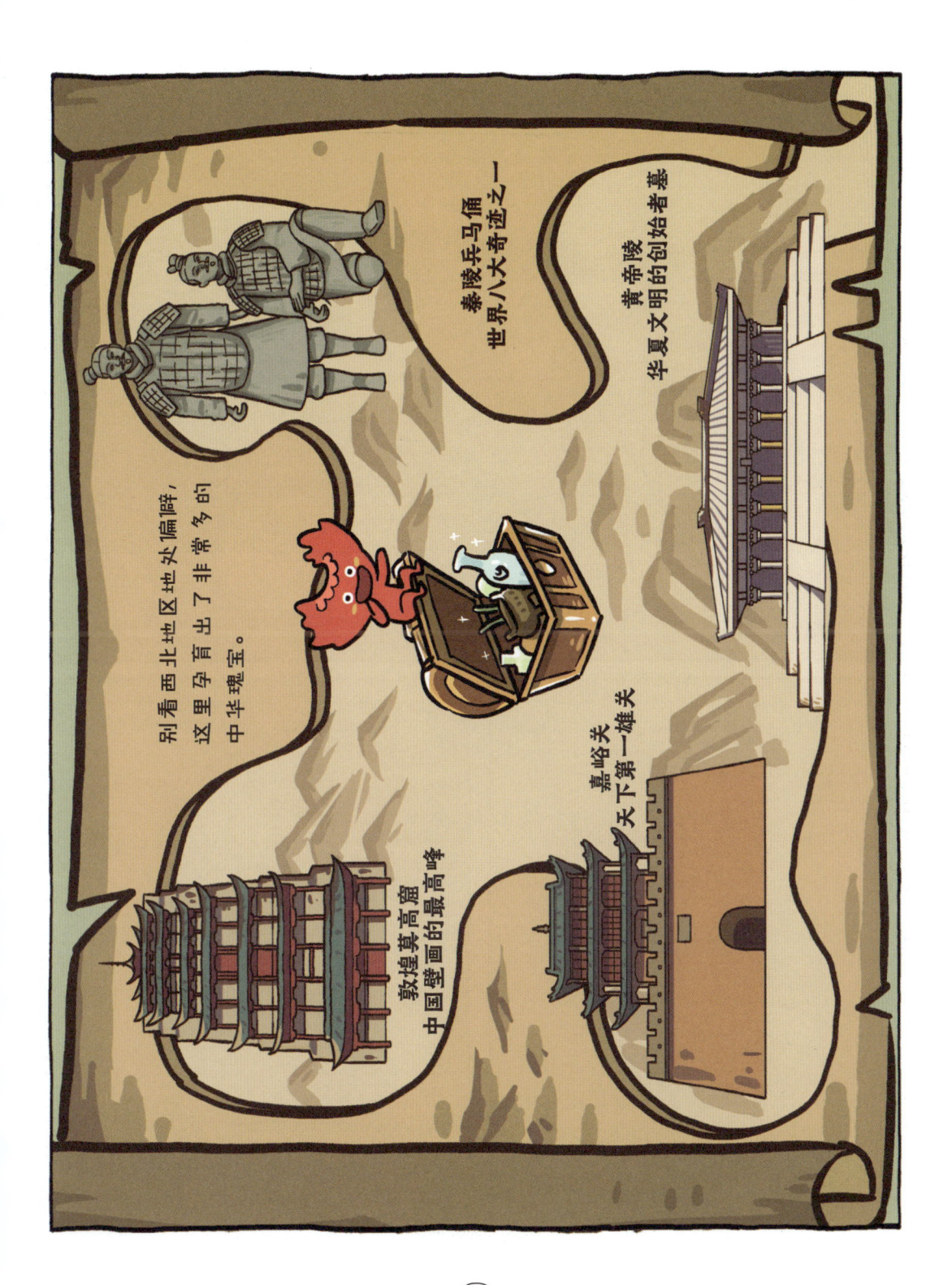

黄帝陵
华夏文明的创始者墓

别看西北地区地处偏僻，这里孕育出了非常多的中华瑰宝。

嘉峪关
天下第一雄关

敦煌莫高窟
中国壁画的最高峰

奇峰秀景——云贵高原

这里还有奇峰秀景、绿水蓝天的另一片天地。

不要以为西部都是黄沙漫天、大漠孤烟。

准确地说这里是位于西南地区的云贵高原。与西北地区完全相反，这里气候潮湿炎热。

塔里木盆地

云贵高原

自然环境丰富多样，造就了西南地区多姿的风景，比如世界闻名的黄果树瀑布。

很多珍贵的植物也生长在这里，特别是被誉为"植物王国"的云南省，一年四季鲜花盛开。

数不清的名贵药材在这里生根。

天麻

金银花

还有北回归线上的绿洲——西双版纳热带雨林。

雪山上的明珠——青藏高原

结束了西行漫游，终于要来到海拔最高的第一级阶梯。

第一级阶梯

不愧是 4000 米以上的高海拔地区，感觉整个人都像置身于仙境中，太美了。

如果你觉得有点头晕恶心，不要惊慌，这是正常的"高原反应"。

便携氧气瓶　葡萄糖　抗高原反应药

由于这里海拔高、空气稀薄、含氧量低，很多来这里旅行的人都会有这种反应，只要提前做好预防就万无一失啦！

青藏地区海拔高、气温低，这里动物始终保持着耐寒的特色，牦牛就是其中的典型。

这里的牛啊，羊啊，怎么都长着又厚又长的毛？

天然气资源丰富 西气东输

珍贵的植物资源 冬虫夏草

嘿嘿，别人都夸我是"宝藏男孩"，其实青藏地区才真正是个宝藏之地。

清透无尘的自然环境

西藏自治区首府拉萨，有着"日光之城"的美誉。这里空气透明度高，太阳光照强。湛蓝的天空还微微泛着橙色的光。

这里常年受紫外线直射，来旅游一定要做好防晒哦。

我们也可以经常坐着火车来这里旅游了！

但来旅游的同时一定要注意保护环境！

随着青藏铁路的全线开通，青藏地区与外界往来更加密切。

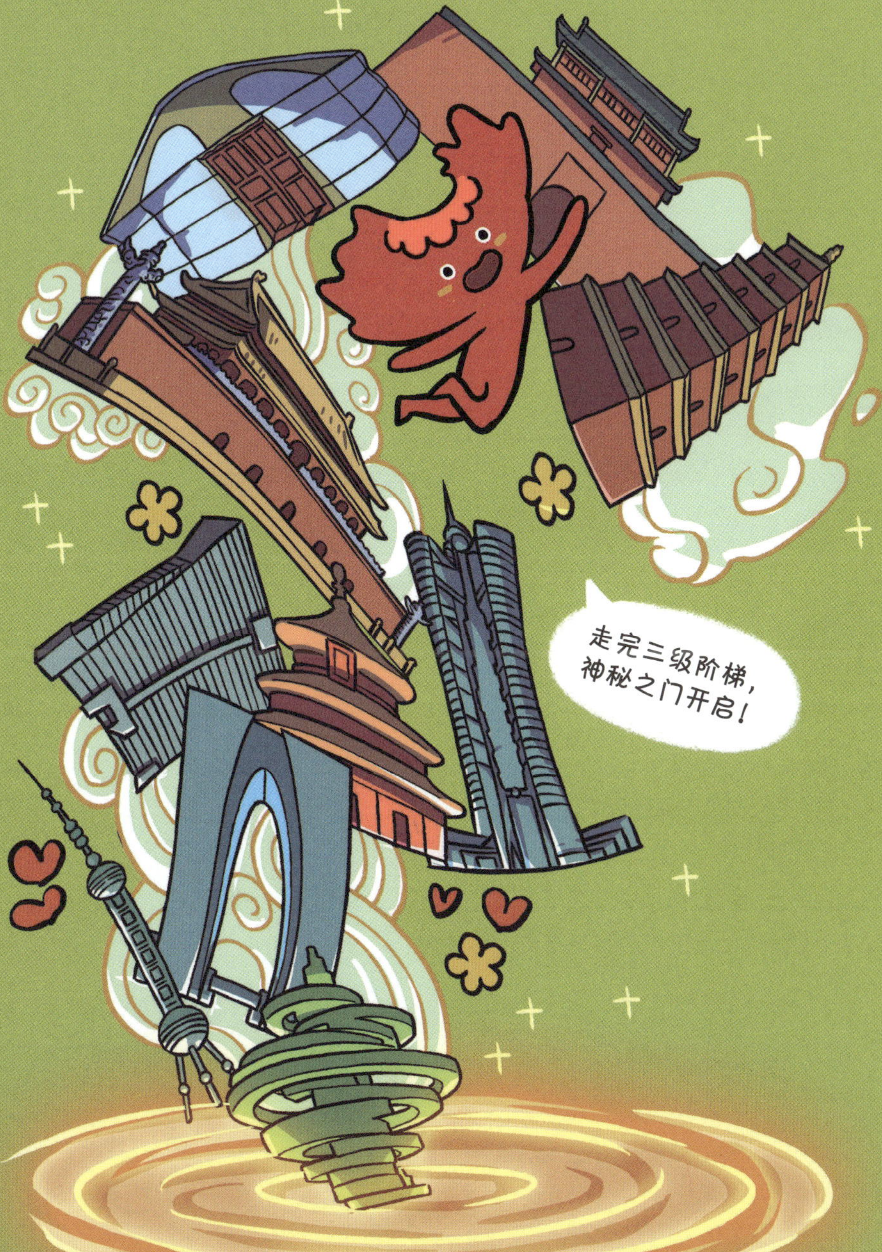
走完三级阶梯，
神秘之门开启！

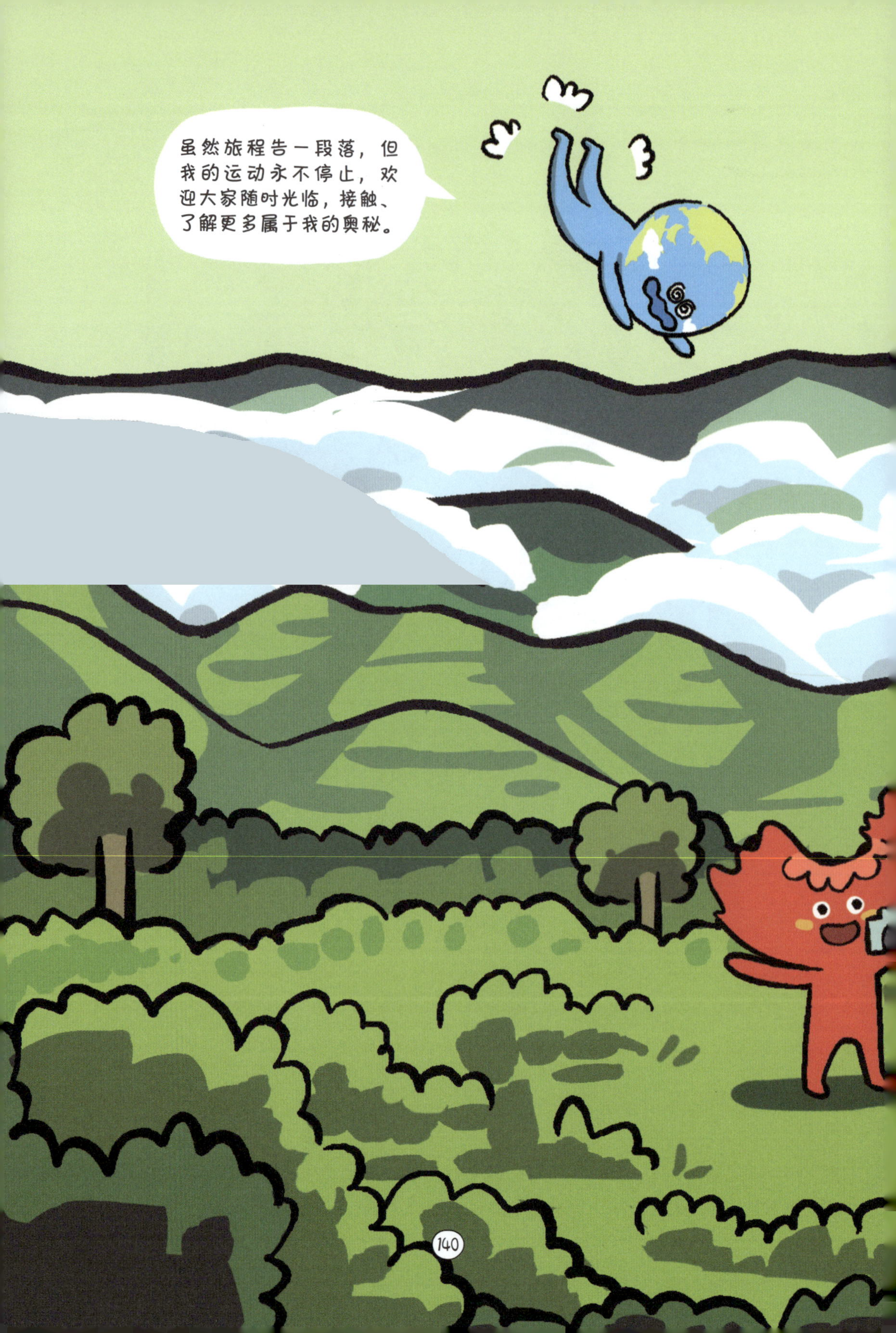
虽然旅程告一段落，但我的运动永不停止，欢迎大家随时光临，接触、了解更多属于我的奥秘。

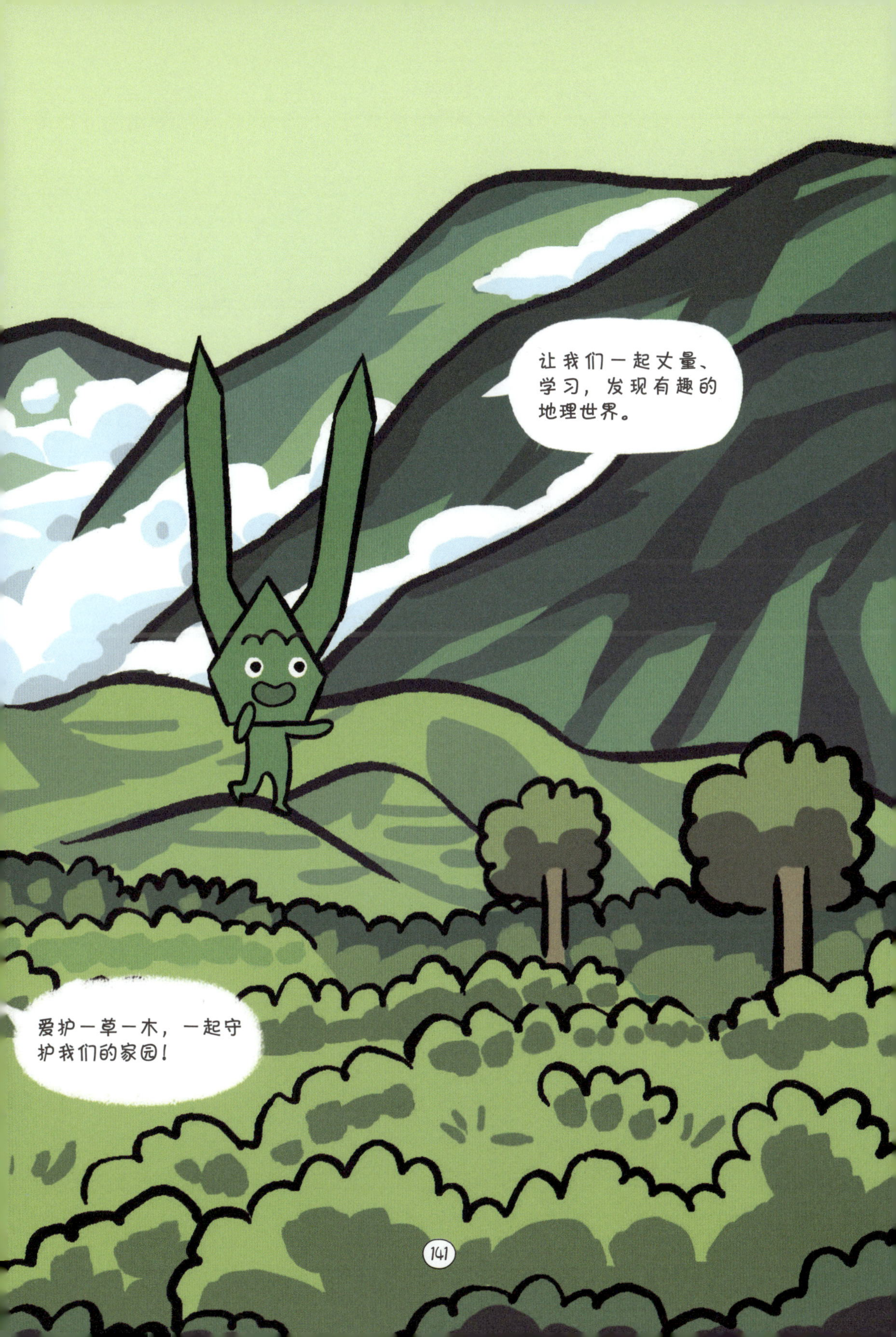
让我们一起丈量、学习，发现有趣的地理世界。
爱护一草一木，一起守护我们的家园！

词汇表

地球 太阳系八大行星之一，是目前宇宙中人类已知存在生命的唯一的天体，是包括人类在内上百万种生物的家园。

板块 构成地球岩石圈的岩石。全球岩石圈分为六大板块。

岛屿 岛的总称，指四面环水并在涨潮时高于水面且自然形成的，能维持人类居住或本身的经济生活的陆地区域。

海沟 是位于海洋中的两壁较陡、狭长的、水深大于5000米的沟槽。

大陆架 是大陆沿岸土地在海面下向海洋的延伸，可以说是被海水所覆盖的大陆。

大陆坡 是联系海陆的桥梁，一头连接陆地的边缘，一头连接着海洋。

青藏高原 亚洲内陆高原，是中国最大、世界海拔最高的高原，被称为"世界屋脊"。

外流河 直接或间接流入海洋的河流叫外流河。

内流河 是指由内陆山区降雨或高山融雪产生的，不能流入海洋，只能流入内陆湖泊或在内陆消失的河流。

动物迁徙 是指动物由于繁殖、觅食、气候变化等而进行的一定距离的迁移。

南极科考站 人类发现了我们居住的星球上最后一块大陆——南极洲之后，为开展一些初期的科学考察活动而建立的。

作者团队

米莱童书 | 米莱童书

由国内多位资深童书编辑、插画家组成的原创童书研发平台，2019"中国好书"大奖得主、桂冠童书得主、中国出版"原动力"大奖得主。是中国新闻出版业科技与标准重点实验室（跨领域综合方向）授牌中国青少年科普内容研发与推广基地，曾多次获得省部级嘉奖和国家级动漫产品大奖荣誉。团队致力于对传统童书阅读进行内容与形式的升级迭代，开发一流原创童书作品，使其更加适应当代中国家庭的阅读需求与学习需求。

知识脚本作者： 武　娜　北京市育才中学地理教师
　　　　　　　　　　　　北京市西城区骨干教师
　　　　　　　　何亚青　北京市育才中学地理教师
　　　　　　　　　　　　北京市西城区骨干教师

审读推荐： 于贵瑞　中国科学院院士

版权专有　侵权必究

图书在版编目（CIP）数据

这就是地理. 缤纷的地理世界 / 米莱童书著绘. --北京：北京理工大学出版社，2024.4
（启航吧知识号）
ISBN 978-7-5763-3431-9

Ⅰ. ①这… Ⅱ. ①米… Ⅲ. ①地理学—少儿读物 Ⅳ. ①K90-49

中国国家版本馆CIP数据核字(2024)第011913号

出版发行 / 北京理工大学出版社有限责任公司
社　　址 / 北京市丰台区四合庄路6号
邮　　编 / 100070
电　　话 /（010）82563891（童书售后服务热线）
网　　址 / http: //www.bitpress.com.cn
经　　销 / 全国各地新华书店
印　　刷 / 朗翔印刷（天津）有限公司
开　　本 / 710毫米×1000毫米　1 / 16
印　　张 / 9
字　　数 / 250千字　　　　　　　　　　　　　责任编辑 / 王琪美
审 图 号 / GS（2020）4949号　　　　　　　　文案编辑 / 王琪美
版　　次 / 2024年4月第1版　2024年4月第1次印刷　责任校对 / 刘亚男
定　　价 / 36.00元　　　　　　　　　　　　　责任印制 / 王美丽

图书出现印装质量问题，请拨打售后服务热线，本社负责调换